JUDAÍSMO Y LA INTELIGENCIA ARTIFICIAL

Dignidad y responsabilidad Moral

POR
MOSHE PITCHON

ISBN: 979-8-218-92113-2
21stCenturyJudaism.com publisher

Este libro está dedicado a Isidore y Marcel Philosophe.

Nunca hablé directamente con ellos sobre los argumentos de este libro. Sin embargo, cada vez que intente imaginar cómo es un judío culto y comprometido —que piensa en Israel, en las comunidades judías en todas las tierras donde están establecidos, y en el estado del mundo en el que vivimos, sin recurrir a ideologías, pero con apertura y sentido de responsabilidad— ellos son los primeros que acuden a mi mente.

Desde el primer momento en que nos conocimos, y a lo largo de años de almuerzos casi semanales y algunas cenas ocasionales, me ofrecieron algo poco frecuente: estímulo constante sin instrucciones, apoyo sin necesidad de acuerdo, presencia sin agenda. Puede que no compartan todas mis conclusiones, pero reafirmaron de manera constante mi convicción sobre el tipo de ser humano que el judaísmo puede formar cuando no se reduce al ritual ni a la pertenencia sectaria.

Marcel e Isidore encarnan un judaísmo comprometido con el mundo, atento a las nuevas tecnologías, dedicado a la caridad y sostenido por una conciencia viva del pacto que une al pueblo judío a través del tiempo y el espacio.

Por más de lo que probablemente lo sepan, les estoy profundamente agradecido.

Índice

Prefacio 7

Introducción: Responsabilidad después de la inteligencia.................... 11

Parte I: El judaísmo bajo presión.. 15

Capítulo 1: La vida como interpelación, no como destino 17

Capítulo 2: ¿Qué es un ser humano?.. 21

Capítulo 3: Tiempo, demora y formación moral.. 27

Capítulo 4: El poder sin responsabilidad.. 33

Capítulo 5: La historia como drama moral 37

Parte II: Umbrales de la civilización 45

Capítulo 6: La Revolución Científica: cuando el mundo se volvió legible 47

Capítulo 7: La Revolución Industrial: cuando el tiempo fue conquistado........ 53

Capítulo 8: El colapso de la distancia: el ferrocarril, el telégrafo y la compresión del mundo.. 57

Capítulo 9: El giro digital: cuando la realidad se convirtió en código............ 61

Capítulo 10: El surgimiento de la inteligencia no biológica............................ 67

Capítulo 11: La IA y la reinvención del deseo humano 75

Capítulo 12: Por qué la regulación no es suficiente.. 81

Capítulo 13: La inteligencia artificial y el fin de la responsabilidad moral.......... 85

Capítulo 14: Velocidad, soberanía y la desaparición del juicio 89

Capítulo 15: La desaparición del sujeto 93

Capítulo 16: Responsabilidad sin refugio 97

Capítulo 17: El coraje de seguir siendo humanos.. 101

Conclusión.. 105

Epílogo: Aquí estoy... 107

Apéndice A: El judaísmo no es idéntico a la ortodoxia................. 111

Apéndice B: Poder, silencio y responsabilidad después del 7 de octubre........ 113

Bibliografía 115

Prefacio

Este libro fue escrito lentamente.

No porque su tema exigiera paciencia —la inteligencia artificial avanza más rápido que el pensamiento— sino porque las preguntas que plantea no pueden responderse con prisa. Se refieren a la responsabilidad, al juicio y a las condiciones bajo las cuales un ser humano todavía puede decir: *yo respondo por esto*. Esas condiciones son frágiles. Se derrumban cuando se las trata de manera instrumental.

No comencé este libro con la intención de escribir sobre tecnología. Lo inicié movido por una preocupación anterior a la IA: la silenciosa desaparición de la capacidad de dar respuesta en la vida moderna. Una y otra vez me encontré con situaciones en las que se producía daño sin que hubiera nadie claramente responsable; se tomaban decisiones sin decisores; se ejercía poder sin una voz a la que pudiera dirigirse una interpelación. Las explicaciones siempre parecían plausibles. La responsabilidad siempre estaba en otra parte.

La inteligencia artificial no creó esta condición. La reveló.

Lo que me perturbó no fue la inteligencia de las máquinas, sino la facilidad con la que los seres humanos eran aliviados de la carga. Delegar parecía progreso. La velocidad parecía necesidad. El silencio parecía prudencia. La responsabilidad pasó a ser algo que se gestiona, en lugar de algo que se asume.

El judaísmo me dio el lenguaje para ver lo que estaba ocurriendo —no como nostalgia ni como teología, sino como estructura moral—. Mucho antes de que existieran los sistemas modernos, el judaísmo entendió que la responsabilidad depende del retraso, que el poder debe ser interrumpible y que el silencio frente a la autoridad rara vez es inocente. Entendió que la ley puede contener el poder, pero no sustituir el juicio; que la obediencia nunca es el final de la obligación; y que incluso Dios, en la imaginación bíblica y rabínica, permanece vinculado por el pacto.

Estas intuiciones no son reliquias. Son herramientas diagnósticas.

Este libro no defiende al judaísmo como identidad, fe o comunidad. Trata al judaísmo como una gramática civilizatoria —una que pone al descubierto lo que los sistemas modernos deshacen silenciosamente—. Al colocar esta gramática junto a la historia de la ciencia, la industria, la burocracia y los sistemas digitales, el libro plantea una sola pregunta desde múltiples ángulos: ¿qué ocurre con la vida moral cuando la acción ya no requiere un sujeto responsable?

Esta es una obra de filosofía, no una intervención política. No parte de una agenda partidaria ni busca promover ninguna posición ideológica contemporánea. Si sus conclusiones cuestionan disposiciones existentes de poder, es porque la filosofía —cuando se la toma en serio— pone a prueba las pretensiones de necesidad y autoridad allí donde aparecen. Aunque soy rabino, no escribo desde ninguna denominación ni me identifico con ninguna interpretación sectaria del judaísmo. La tarea rabínica, en su origen, nunca fue salvaguardar un estilo de vida particular ni un sistema cerrado de interpretación, sino preservar la intención moral original del judaísmo: proteger la responsabilidad frente a su desplazamiento por el poder, el hábito o la certeza. Este libro, por tanto, no debe leerse ni como defensa política ni como apologética religiosa, sino como un esfuerzo por permanecer fiel a la responsabilidad misma.

He resistido la tentación de ofrecer soluciones. No porque el problema sea insoluble, sino porque la responsabilidad no es algo que pueda ser diseñada. Es una postura. Una disposición. Un rechazo del refugio. En el momento en que la responsabilidad es tratada como una función que se añade, ya se ha perdido.

Los apéndices vuelven esta crítica hacia adentro. Eso no era opcional. Un argumento moral que no puede aplicarse a la propia comunidad no es un argumento; es una representación. El judaísmo mismo enfrenta ahora las tentaciones que una vez nombró: autoridad sin rendición de cuentas, poder sin interrupción, silencio justificado como lealtad. Eximir al judaísmo de la crítica traicionaría la tradición misma de la que este libro se nutre.

Este libro no se ofrece ni como advertencia ni como profecía. Es un intento de describir, con la mayor precisión posible, la condición moral en la que estamos entrando —y el costo de entrar en ella sin resistencia—.

Que la responsabilidad aún pueda recuperarse no le corresponde decidirlo a este libro. El judaísmo nunca prometió éxito. Exigió fidelidad.

Si este libro ha cumplido su tarea, no dejará al lector tranquilizado. Dejará al lector interpelado.

Esa, al menos, fue la responsabilidad que intenté honrar al escribirlo.

Introducción

Responsabilidad después de la inteligencia

Este no es un libro sobre la inteligencia artificial. Al menos, no es un libro sobre la IA en el sentido que hoy domina el debate público: máquinas más rápidas, sistemas más inteligentes, riesgos existenciales, disrupción económica o vacíos regulatorios. Esas cuestiones importan, pero son secundarias. Se refieren a herramientas. Este libro se ocupa del ser humano que las construye y de las condiciones morales bajo las cuales la responsabilidad todavía puede existir.

La afirmación central de este libro es simple e inquietante: el mayor peligro que plantea la inteligencia artificial no es que las máquinas se vuelvan demasiado poderosas, sino que los seres humanos dejen de ser responsables. No porque elijan la irresponsabilidad, sino porque las estructuras a través de las cuales hoy ocurre la acción ya no requieren, en absoluto, un sujeto responsable.

La IA no introduce este peligro. Completa una larga trayectoria.

La civilización moderna ha ido reorganizando de manera constante la acción humana en torno a la velocidad, la escala, los sistemas y la optimización. La responsabilidad —entendida alguna vez como la capacidad de responder ante otros, ante la ley, ante Dios o ante la historia— ha sido adelgazada, diferida y redistribuida en procesos demasiado complejos para ser interrumpidos y en autoridades demasiado difusas para ser interpeladas. La inteligencia artificial acelera este proceso hasta un punto de ruptura. No solo actúa más rápido que el juicio humano; actúa de modos que disuelven las condiciones mismas bajo las cuales el juicio podría tener lugar.

Por eso fracasan las respuestas habituales. La regulación gobierna herramientas, no el sentido. La ética presupone agentes capaces de detenerse. La transparencia explica resultados, pero la explicación no es responsabilidad. Los modelos de "humano en el circuito" insertan personas en sistemas cuyo ritmo vuelve la intervención meramente performativa. Cada solución aborda las consecuencias y deja intacto el fracaso más profundo.

Ese fracaso es antropológico.

La responsabilidad no es un valor que se añade a la acción a posteriori. Es una estructura de tiempo, autoridad y subjetividad que debe existir antes de que la acción ocurra. Requiere demora. Requiere interrupción. Requiere un sujeto que pueda ser interpelado, cuestionado y llamado a rendir cuentas. Allí donde estas condiciones desaparecen, la vida moral no evoluciona: se evapora.

El judaísmo importa aquí no como teología, sino como arquitectura moral.

Mucho antes de la ciencia moderna, la industrialización, la burocracia o los sistemas digitales, el judaísmo articuló una comprensión radicalmente distinta de lo que significa ser humano en la historia. Rechazó el destino como explicación moral. Se negó a aceptar que el poder se justifique a sí mismo. Insistió en que la realidad misma debe ser lo suficientemente inteligible como para ser juzgada. Formó a los seres humanos para vivir dentro de la obligación, y no de la inevitabilidad.

El judaísmo no se define solo por la creencia, el ritual o la ley. Se define por la capacidad de dar respuesta. La vida habla, y el ser humano debe responder. El silencio no es humildad; el silencio no exime a nadie de la implicación; fija esa implicación sin examen. La obediencia nunca es el final de la responsabilidad. Incluso Dios, en la imaginación bíblica y rabínica, está ligado por el pacto y sujeto a una reclamación moral.

Este libro no trata al judaísmo como un refugio frente a la modernidad. Lo trata como un instrumento diagnóstico.

Al rastrear cómo la responsabilidad estuvo alguna vez estructurada —a través del tiempo, la ley, la memoria, el debate y el pacto— este libro expone lo que hoy se está perdiendo. El argumento avanza de manera histórica, no nostálgica: del fatalismo antiguo a la protesta profética; del universo regido por leyes de la Revolución Científica a la compresión del tiempo de la Revolución Industrial; de la difusión del juicio en la burocracia a la erosión de la autoría en el giro digital; de la eliminación del retraso en la IA a la desaparición del propio sujeto moral.

Lo que emerge no es una crítica de la tecnología, sino de la disposición de la civilización a vivir sin ser interpelada.

Este libro se escribe contra dos ilusiones reconfortantes.

La primera es la creencia de que la inteligencia es el rasgo definitorio del ser humano. El judaísmo nunca sostuvo esto. La inteligencia es instrumental; la responsabilidad es constitutiva. Un ser puede calcular, predecir y optimizar sin comprensión, sin juicio ni obligación. La inteligencia artificial expone esta distinción con una claridad brutal.

La segunda ilusión es la creencia de que la responsabilidad puede externalizarse —a sistemas, instituciones, expertos o procedimientos—. El judaísmo niega esa posibilidad. La responsabilidad no es transferible. Puede aplazarse, disfrazarse o negarse, pero nunca eliminarse sin vaciar la vida moral desde dentro.

Los capítulos que siguen no ofrecen soluciones, marcos ni optimismo. Eso no es una omisión. Es fidelidad al problema. La responsabilidad no puede ser diseñada. Solo puede asumirse —o rehusarse—.

Los apéndices que cierran el libro vuelven este argumento hacia adentro, donde resulta más incómodo. Aplican el mismo estándar moral de responsabilidad a la vida judía contemporánea, y exponen cómo el poder, la autoridad y el silencio amenazan hoy al propio judaísmo: desde monopolios rabínicos que confunden la ley con la totalidad del judaísmo, hasta fracasos políticos y comunitarios de responsabilidad puestos brutalmente en evidencia después del 7 de octubre.

Este libro no sostiene que la inteligencia artificial destruirá a la humanidad.

Sostiene algo más inquietante: que la humanidad puede abandonar voluntariamente la carga que una vez la definió.

Que ese abandono sea inevitable es la pregunta final que este libro deja abierta. El judaísmo nunca prometió inevitabilidad. Prometió obligación.

La pregunta, entonces, no es qué harán nuestros sistemas.

Es si todavía estaremos allí para responder cuando actúen en nuestro nombre.

PARTE I

EL JUDAÍSMO BAJO PRESIÓN

Capítulo 1

La vida como interpelación, no como destino

El judaísmo comienza con una negativa. Una negativa a aceptar que la realidad esté gobernada por el destino, que el poder se justifique a sí mismo o que el sentido pertenezca exclusivamente a reyes, dioses o fuerzas naturales. Desde el momento de su aparición en la historia, el judaísmo insistió en que la existencia no es muda. La vida habla. Y porque habla, exige una respuesta.

Esta es la ruptura más profunda que el judaísmo introduce en la conciencia humana: la vida no es algo que simplemente nos ocurre. La vida nos interpela. Vivir es ser convocado.

Las civilizaciones antiguas entendieron en gran medida el mundo como gobernado por la inevitabilidad. El cosmos se movía en ciclos. Los dioses encarnaban fuerzas. Los seres humanos se adaptaban, resistían y se sometían. El sentido consistía en conformarse con la necesidad, no en asumir responsabilidad por ella. Aún cuando se rendía culto a los dioses, rara vez se los cuestionaba. El destino era trágico, pero incuestionable.

El judaísmo rompe esta lógica desde la raíz.

La perspectiva bíblica no trata la realidad como un destino fijo, sino como una interpelación moral. La pregunta que plantea no es "¿qué debe suceder?", sino "¿qué se me está pidiendo?". Este desplazamiento traslada el problema humano de la supervivencia dentro de la necesidad a la respuesta dentro de la libertad.

La revolución profética comienza precisamente aquí.

Los profetas de Israel no se oponen al poder como tal. Se oponen al poder sin rendición de cuentas. Su protesta no es contra los reyes, los ejércitos o las instituciones en sí mismos, sino contra sistemas que reclaman inevitabilidad: sistemas que exigen obediencia sin justificación.

La voz profética insiste en que nada en el cielo ni en la tierra puede operar sin explicación moral. Ni el imperio. Ni la ley. Ni siquiera Dios.

Por eso Abraham puede preguntar: *"¿Acaso el Juez de toda la tierra no hará justicia?"*[1]. Esta pregunta no es herejía; es fidelidad a un compromiso vinculante. No se niega a Dios. Se le exige dar explicación.

Esta insistencia marca un cambio fundamental en la manera en que los seres humanos entienden su lugar en el mundo: el judaísmo no se limita a hablar de lo divino, sino que exige coherencia moral. El misterio deja de justificar la autoridad; en su lugar aparece la responsabilidad moral.

Desde ese momento, la historia deja de ser un teatro de ciclos. Se convierte en un campo de responsabilidad.

Ser judío no consiste, ante todo, en afirmar una proposición sobre Dios, sino en situarse en una relación de obligación. Al ser humano no se le pide resolver el misterio de la existencia, sino responder a su exigencia moral.

Por eso el judaísmo no comienza con la metafísica, sino con mandamiento. No porque el mandamiento suprime la libertad, sino porque define la libertad como capacidad de responder.

La vida no es algo que poseemos. Es algo que nos interpela.

Este es el significado del pacto (*brit*). El pacto no es un contrato. No es un acuerdo entre iguales. Es el vínculo de la libertad con la obligación.

---

1   *Génesis* 18:25

Presupone que los seres humanos son capaces de actuar, pero no están autorizados a hacerlo sin justificación.

En las civilizaciones míticas, el destino explica el sufrimiento. En el judaísmo, el destino es interrogado.

La negativa bíblica al destino no niega la tragedia. Niega la resignación. El sufrimiento puede ocurrir, pero nunca es definitivo en su significado. Siempre permanece abierto a la protesta, al arrepentimiento y a la transformación.

Por eso la Biblia hebrea conserva la argumentación, la disidencia y la tensión no resuelta. El propio texto modela la responsabilidad al negarse al cierre. El debate no es un fracaso de la fe; es su expresión.

Un mundo con el que no se puede discutir no es un mundo moral.

La intuición central del judaísmo es que la responsabilidad precede al poder. El derecho a actuar no se gana por la fuerza, la inteligencia o el éxito, sino por la capacidad de dar respuesta.

Este principio gobierna todo lo que sigue en el pensamiento judío.

El ser humano, en esta concepción, no es una criatura definida por la capacidad, la inteligencia o la productividad. El ser humano se define por la capacidad de responder.

El judaísmo entra en la historia insistiendo en que la existencia habla —y en que el ser humano es responsable ante ella—.

Si la humanidad recordará cómo responder es la pregunta que hoy se alza ante nosotros.

Capítulo 2

¿Qué es un ser humano?

«¿Qué es el ser humano para que te acuerdes de él?»
— Salmo 8:4

El judaísmo aborda la pregunta por el ser humano de un modo distinto al de casi todas las demás civilizaciones. No comienza con la biología, la capacidad, la inteligencia ni el poder. Comienza con la obligación.

El ser humano, en la concepción judía, no se define por lo que puede hacer, sino por lo que se le pide.

Esta distinción es decisiva. Las civilizaciones que definen la humanidad por la capacidad terminan inevitablemente jerarquizando a los seres humanos. La fuerza, la inteligencia, la productividad, la belleza o la utilidad se convierten en medidas de valor. Quienes poseen más valen más. Quienes poseen menos deben justificar su existencia.

El judaísmo rechaza esta lógica desde la raíz.

La afirmación bíblica de que el ser humano es creado *b'tzelem Elohim* —*a imagen de Dios*[2]— ha sido a menudo malentendida como una afirmación metafísica sobre la semejanza. Pero el judaísmo nunca ha tratado la imagen de Dios como una semejanza física ni siquiera como un

---

2   *Génesis* 1: 27

conjunto de facultades superiores.

La imagen de Dios no es una capacidad. Es una vocación.

Portar la imagen divina es ser responsable. Es estar en el mundo como un ser cuyas acciones importan más allá del instinto, la supervivencia o la ventaja. La imagen de Dios no nombra lo que el ser humano es capaz de hacer, sino aquello a lo que está obligado.

Por eso el pensamiento judío nunca vincula la dignidad con la inteligencia, la creatividad o la autonomía. Los bebés portan la imagen. Los ancianos la portan. Las personas con discapacidad la portan. Quienes no pueden hablar, razonar o producir siguen estando plenamente dentro de la dignidad humana. El valor no sube ni baja con la capacidad.

La imagen de Dios no es algo que se pierda por debilidad. Solo puede ser traicionada por la negativa a asumir responsabilidad.

«No serás indiferente a la sangre de tu prójimo».[3]

El lenguaje moral moderno está obsesionado con la inocencia: inocencia frente a la culpa, inocencia frente al daño, inocencia frente a la complicidad. La posición moral suele medirse por la distancia —por cuán lejos puede uno situarse del mal, del poder o de la consecuencia—. El judaísmo desconfía profundamente de esta lógica. No trata la inocencia como un logro moral, ni promete exención de las cargas del mundo. Ser humano no es situarse fuera de la historia, la causalidad o la obligación, sino estar situado dentro de ellas.

Un mundo organizado en torno a la inocencia produce espectadores más que agentes: quienes observan, condenan y se retiran, en lugar de actuar.

El judaísmo insiste en una verdad más exigente: la dignidad moral no reside en estar libre de implicación, sino en aceptar la implicación sin reclamar pureza. No es la inocencia lo que sostiene la vida moral, sino la disposición a seguir siendo responsable cuando la inocencia ya no

---

3   *Levítico* 19:16

está disponible.

En la Biblia hebrea, el fracaso moral decisivo no es solo la transgresión, sino la negativa. El crimen de Caín no es únicamente el asesinato; es la evasión. «*¿Acaso soy yo el guardián de mi hermano?*»[4] es el primer intento de escapar a la responsabilidad negando la interpelación.

El judaísmo no promete inocencia. Exige respuesta.

Esta es una ética difícil. No ofrece refugio en la pureza, la victimización o el desapego. Ser humano es estar implicado. La vida nos interpela lo queramos o no. La responsabilidad precede al consentimiento.

Por eso el mundo bíblico no contiene ninguna figura que pueda retirarse por completo de la obligación. Incluso los profetas resisten su llamado —pero la resistencia misma confirma la reclamación—. Se puede huir de la responsabilidad, pero no anularla.[5]

En el pensamiento moderno, la libertad suele definirse como autonomía: la capacidad de elegir sin restricciones. El judaísmo define la libertad de otro modo.

La libertad es la capacidad de responder.

Un ser que puede hacer lo que quiera no es libre en el sentido judío. Un ser que puede responder —a otros, a la ley, a Dios— es libre. La restricción no niega la libertad; le da forma moral.

Por eso el mandamiento (*mitzvá*) no es el enemigo de la dignidad, sino su condición. El mandamiento afirma que el ser humano es capaz de responsabilidad y, por tanto, digno de ser interpelado.

---

4   *Génesis* 4:9

5   Dios debe pedirle a Moisés cinco veces (*Éxodo.* 3:11-4:20) antes de que acepte la tarea de conducir a los israelitas fuera de Egipto. Moisés se siente indigno de asumir una responsabilidad tan grande, cree que no habla bien y piensa que el faraón no le prestará atención.

El influyente Isaías es uno de los grandes profetas bíblicos que protestan no poder ser profeta a causa de sus «labios impuros» (Isaías 6:5). Jeremías objeta porque, al igual que Moisés, no cree hablar bien y porque no es más que un muchacho (*Jeremías.* 1:6).

La alternativa —una vida sin interpelación, un mundo en el que nada llama, exige u obliga— no es liberación. Es vacío moral.

La antropología del judaísmo es, por tanto, fundamentalmente moral. El ser humano es sujeto no porque piensa, sino porque es responsable. La conciencia importa, pero la conciencia moral importa más.

Esta distinción se vuelve crítica bajo presión.

Las civilizaciones que fundamentan el valor humano en la inteligencia acaban sacrificando a los débiles. Las que lo fundamentan en la productividad acaban descartando a los improductivos. Las que lo fundamentan en la autonomía acaban abandonando a quienes no pueden elegir.

El judaísmo fundamenta el valor en otro lugar: en la capacidad de estar ligado por la obligación —incluso cuando esa obligación es pesada, incómoda o dolorosa—.

El ser humano es la criatura que puede ser mandada.

Toda civilización lleva en su interior una definición del ser humano. Esa definición determina cómo trata el poder, la tecnología, la ley y la vida misma. Cuando la definición cambia, todo cambia con ella.

Si el ser humano es definido por la inteligencia, entonces una inteligencia superior se convierte en un ser superior.

Si el ser humano es definido por el desempeño, el fracaso lo vuelve descartable.

Si el ser humano es definido por la autonomía, la dependencia se vuelve vergonzosa.

El judaísmo ofrece una medida distinta: la capacidad de responder.

Esta medida ha sobrevivido milenios porque no compite con el poder. Lo restringe. No glorifica la capacidad. La gobierna.

Antes de preguntar si las máquinas pueden pensar, una civilización debe decidir para qué sirve pensar.

Antes de preguntar si la inteligencia puede ser replicada, debe decidir si la inteligencia define el valor.

El judaísmo responde de antemano: la inteligencia no es la fuente de la dignidad. La responsabilidad lo es.

Si esa respuesta es olvidada, ninguna salvaguarda tecnológica importará.

Si se la recuerda, incluso un poder sin precedentes puede ser gobernado.

El ser humano, en el judaísmo, no es el animal que piensa.

Es el ser que debe responder.

Capítulo 3

Tiempo, demora y formación moral

El judaísmo es una civilización construida en torno al tiempo —no como un medio neutral por el que pasan los acontecimientos, sino como la condición misma que hace posible la responsabilidad moral—. Mucho antes de que los relojes midieran la eficiencia y mucho antes de que la velocidad se convirtiera en una virtud, el judaísmo entendió el tiempo como una estructura moral.

La responsabilidad, en el pensamiento judío, no es instantánea. Se despliega. Madura. Requiere duración.

Nadie es moralmente responsable por un reflejo. La responsabilidad solo se vincula allí donde existe un espacio entre el impulso y la acción: un espacio para considerar, dudar, imaginar consecuencias y decidir de otro modo.

El judaísmo construye deliberadamente ese espacio.

La ley no está diseñada para producir resultados rápidos. Está diseñada para interponer una pausa cn la acción antes de que esta se lleve a cabo, permitiendo que el juicio se forme. El testimonio se examina. La evidencia se discute. Las decisiones se debaten. Las opiniones minoritarias se preservan incluso cuando no prevalecen. El propio registro se convierte en una memoria moral de la deliberación.

Esta lentitud no es ineficiencia. Es la estructura que hace posible el juicio ético.

Una civilización que se mueve demasiado rápido no puede sostener la responsabilidad, porque la responsabilidad requiere la libertad de no actuar de inmediato.

El judaísmo entrena a los seres humanos a esperar.

Este entrenamiento aparece en todas partes. Las bendiciones interrumpen el consumo. Las leyes dietéticas frenan el apetito. La oración puntúa el día. Las festividades imponen ritmos que resisten la productividad continua. De la manera más radical, el Shabat detiene toda acción instrumental una vez por semana —no solo como descanso, sino como declaración de que el mundo no nos pertenece para que lo optimicemos sin límite—.

Al suspender la creación, el judaísmo enseña que el poder debe ser voluntariamente restringido. Que la expresión más alta de la libertad no es la acción, sino la capacidad de abstenerse. Que el mundo no se agota en lo que puede hacerse con él.

La demora, en este sentido, no es pasiva. Es formativa. Moldea un yo capaz de resistir la inmediatez.

Quizás en ningún lugar la comprensión moral del tiempo en el judaísmo es más clara que en la *teshuvá* —arrepentimiento, retorno—.

El concepto de *teshuvá* surge de un problema humano fundamental: el fracaso moral es inevitable, pero un mundo moral no puede sobrevivir si el fracaso es definitivo. Una cultura que exige responsabilidad debe también ofrecer un modo en que la responsabilidad continúe después de que ocurre la falta. Sin este tipo de mecanismo, la vida moral colapsa ya sea en la desesperación o en la negación.

Si la falta define permanentemente al yo, la persona o bien se desvincula («no tiene sentido intentarlo») o bien se defiende de la responsabilidad mediante la racionalización y el desplazamiento de la culpa. Por eso, en la religión del antiguo Israel —a diferencia de sus vecinos— los rituales no eran intrínsecamente eficaces. El judaísmo no sitúa la reparación moral fuera del agente humano. No existe un atajo ritual que borre la responsabilidad transfiriéndola a otra instancia.

El lenguaje de la *teshuvá* surge directamente de la Escritura. Una y otra vez, los profetas no hablan de escapar del juicio, sino de regresar dentro de él. «*Volved a mí, y yo volveré a vosotros.*» [6] «*Que el malvado abandone su camino... y vuelva al Señor.*»[7] No son apelaciones emocionales, sino afirmaciones sobre el tiempo: el futuro no queda clausurado por el pasado.

La *teshuvá* es la negativa a permitir que el fracaso se convierta en destino. Se opone tanto a la desesperación como al intento de borrar el pasado.

Los profetas no suavizan el juicio, pero tampoco permiten que cierre el tiempo. Insisten en que incluso después de la falta, el ser humano sigue siendo responsable —y por ello capaz de retorno—.

Un mundo sin *teshuvá* sería un mundo de veredictos sin futuro, de memoria sin reparación. El judaísmo rechaza ese mundo. Insiste en que la responsabilidad no termina en el momento de la transgresión, sino que se proyecta hacia adelante, exigiendo reconocimiento, reparación y cambio. El retorno no es solo misericordia; es la condición bajo la cual la vida moral puede perdurar.

La *teshuvá* presupone que el futuro no está sellado por el pasado. Que el tiempo permanece abierto. Que el fracaso moral no fija la identidad para siempre. La responsabilidad no se borra por el error, sino que se renueva mediante el reconocimiento y el cambio.

Esta es una afirmación radical. El judaísmo sostiene que la agencia moral persiste porque el propio tiempo puede ser reclamado. La *teshuvá* no es alivio psicológico. Es una afirmación metafísica: el tiempo puede ser reingresado de manera responsable.

Una civilización que pierde este sentido de apertura temporal terminará tratando el error como terminal —y la responsabilidad como

---

6   *Malaquías* 3:7
7   *Isaías* 55:7

inútil—.

El judaísmo preserva el desacuerdo no como un defecto, sino como una virtud. El Talmud célebremente registra debates no resueltos, posiciones minoritarias y argumentos rechazados junto a las decisiones aceptadas. La verdad no se identifica con la unanimidad.

«Si todos [los jueces] lo declaran culpable, queda absuelto». [8]

En los casos capitales, la ley judía exigía: un tribunal mínimo de 23 jueces; una mayoría de al menos dos para condenar. Nunca unanimidad.

Si todos los jueces votaban culpable, el acusado quedaba automáticamente absuelto.

El Talmud explica que un veredicto unánime de culpabilidad indica que el tribunal falló en su deber de buscar argumentos exculpatorios. Al menos un juez debe estar dispuesto a argumentar a favor de la absolución, o el proceso se presume sesgado o apresurado. La misericordia y la vacilación no son defectos, sino salvaguardas estructurales. Como dice el Talmud:

"Un tribunal que solo ve culpa no ha juzgado plenamente." [9]

Esta práctica es imposible sin tiempo.

El debate requiere paciencia. Escuchar exige contención. La seriedad moral requiere la disposición a permanecer en la complejidad en lugar de precipitarse hacia el cierre. Una cultura que exige resolución inmediata sacrificará el juicio en favor de la claridad.

El judaísmo prefiere la profundidad a la velocidad.

La preservación del desacuerdo es una manera de mantener viva la responsabilidad a través de las generaciones. Señala que ninguna decisión agota el sentido y que las mentes futuras pueden ser nuevamente llamadas a responder.

---

8   Mishnah *Sanhedrin* 4: 1 Talmud, *Sanhedrin* 17a and 40a
9   *Sanhedrin* 17a

El judaísmo distingue entre el tiempo vivido y el tiempo controlado.

Los imperios antiguos buscaron dominar el tiempo mediante calendarios, ciclos impositivos y planificación agrícola. Las civilizaciones modernas intensificaron ese impulso a través de relojes, horarios y plazos. El tiempo se convirtió en algo que debía ser conquistado, segmentado y explotado.

El judaísmo resiste el dominio total del tiempo santificándolo.

El tiempo sagrado interrumpe el tiempo instrumental. Afirma que no todos los momentos son equivalentes y que no todo el tiempo pertenece al uso humano. Esta resistencia no es nostálgica. Es ética.

Una civilización que trata todo el tiempo como disponible para la optimización termina tratando a los seres humanos de la misma manera.

La responsabilidad moral no puede sobrevivir a la eliminación de la demora.

La velocidad no solo cambia cuán rápido se toman las decisiones. Cambia quién las toma. Cuando desaparece la deliberación, la agencia se desplaza. El juicio es reemplazado por la reacción. La responsabilidad queda reducida a gestos.

El judaísmo lo comprende de manera intuitiva. Por eso introduce pausas en la vida misma. Por eso rechaza la fantasía de la inmediatez total. Por eso enseña que la libertad no es la ausencia de límites, sino la capacidad de vivir dentro de ellos con sentido.

Capítulo 4

El poder sin responsabilidad

E l judaísmo no desconfía del poder porque el poder sea peligroso. Desconfía del poder porque el poder miente.

El poder siempre se presenta como necesidad. Reivindica la inevitabilidad. Declara que las cosas deben hacerse «porque no hay alternativa». Habla el lenguaje de la eficiencia, la seguridad, el orden y la supervivencia. Y cuando el poder logra presentarse como inevitable, ya no necesita justificarse. El judaísmo irrumpe en la historia para negarle al poder esa exención.

En el mundo antiguo, el poder vestía ropajes cósmicos. Los reyes gobernaban por mandato divino. Los imperios reflejaban el orden de los cielos. El destino explicaba tanto el sufrimiento como la jerarquía. Lo que existía era lo que debía existir.

No se trataba solo de dominación política; era un blindaje metafísico. El poder quedaba protegido del examen moral porque se lo presentaba como natural, necesario o sagrado. El judaísmo rompe ese blindaje.

La concepción bíblica insiste en que el poder —cualquier poder— debe responder. Los reyes son juzgados. Las leyes son cuestionadas. Las instituciones se miden no por su fuerza o estabilidad, sino por su justicia. Los profetas no preguntan si el poder funciona. Preguntan si es justo.

Esto no tiene precedentes.

Los profetas de Israel no se rebelan contra la autoridad en cuanto tal. Se rebelan contra la autoridad que rehúsa rendir cuentas. Hablan a reyes, sacerdotes y al pueblo por igual, y hablan en un solo registro: el de la obligación.

«¿Qué te da derecho?»

«¿Quién te autorizó?»

«¿Con qué criterio gobiernas?»

Estas no son preguntas políticas. Son preguntas morales.

Los profetas no proponen imperios alternativos. Rechazan la premisa de que el imperio se justifique por sí mismo. El poder debe explicarse. Y si no puede explicarse moralmente, debe ser resistido —aunque sea eficaz, popular o estabilizador—.

Esta postura tiene un costo. Produce exilio, persecución, marginalidad.

Con frecuencia se malinterpreta la ley judía como un entrenamiento para la obediencia. En realidad, es un sistema diseñado para contener el poder.

La ley desacelera la toma de decisiones. Exige procedimientos. Requiere justificación. Abre instancias de apelación. Preserva el disenso. Vincula incluso a los poderosos a criterios que no inventaron y que no pueden modificar a voluntad.

Sobre todo, la ley insiste en que nadie —ni rey, ni sacerdote, ni profeta; ni presidente ni primer ministro— está por encima del juicio.

Por eso la Torá se entrega públicamente y no en privado. Por eso se escribe, se debate y se transmite mediante la argumentación y no por decreto. La ley no es una herramienta de dominación; es una tecnología de responsabilidad.

En este sentido, la ley judía no es conservadora. Es anti-tiránica.

El poder rara vez se anuncia como crueldad. Más a menudo se presenta como eficiencia.

Las cosas deben hacerse rápido. Los procedimientos deben simplificarse. Los obstáculos deben eliminarse. Las demoras son irresponsables. La complejidad es peligrosa. El mundo es demasiado urgente para la vacilación.

El judaísmo reconoce este lenguaje. Ya lo ha oído antes.

La eficiencia no es neutral. Es una pretensión moral disfrazada de pragmatismo. Cuando la eficiencia se convierte en el valor supremo, el juicio se trata como fricción y la conciencia como demora.

El judaísmo rechaza esta jerarquía.

La pregunta nunca es «¿funciona?», sino «¿qué le hace al ser humano que la ejerce —y a quien está sujeto a ella?».

En muchas civilizaciones, la autoridad exige silencio. La obediencia se presenta como virtud. El disenso se considera desorden. Preguntar se equipara a la deslealtad.

El judaísmo hace lo contrario.

Preserva la argumentación. Santifica la pregunta. Registra el disenso. Permite —e incluso exige— que se interppele a la autoridad. En una tradición así, el silencio no es neutralidad; funciona como una negativa a asumir responsabilidad.

Por eso el propio texto bíblico es argumentativo. Por eso Dios es cuestionado —por Abraham ante el destino de Sodoma, por Jeremías y Job frente al sufrimiento, por Jonás que protesta la misericordia divina como una traición a la justicia, y por figuras posteriores como el rabino Leví Yitsjak de Berdíchev, quien interrumpió célebremente el servicio de Yom Kipur para acusar al Rey de los cielos de no proteger a su pueblo—. Por eso se discuten los desenlaces. Por eso ninguna voz es definitiva solo porque sea poderosa.

Un mundo en el que el poder no puede ser cuestionado no es un mundo moral.

La insistencia del judaísmo en la responsabilidad nunca ha sido recompensada con dominio. Ha sido castigada con vulnerabilidad.

Los imperios toleran la eficiencia. No toleran el tener que rendir cuentas.

Por eso el judaísmo ha sido expulsado, marginado o convertido en chivo expiatorio una y otra vez. Un pueblo que se niega a aceptar la inevitabilidad amenaza a todo sistema que depende de ella. Insistir en que el poder debe justificarse socava los fundamentos metafísicos de la dominación.

El judaísmo sobrevive no porque derrota al poder, sino porque se niega a adorarlo.

El poder sin responsabilidad es siempre peligroso, por muy inteligente, bien intencionado o eficiente que parezca.

Cuando el poder se acelera más allá de la capacidad de juzgar, cuando la autoridad se oculta tras la complejidad, cuando los sistemas operan sin explicación, la responsabilidad se erosiona.

El judaísmo se alza en la historia como una negativa permanente a esa erosión.

Capítulo 5

La historia como drama moral

El judaísmo no entiende la historia como una sucesión de acontecimientos. Entiende la historia como un juicio.

Esta es una de sus afirmaciones más radicales. En la mayoría de las civilizaciones antiguas, la historia era cíclica, trágica u opaca. Los hechos se repetían. Los imperios surgían y caían. El sufrimiento ocurría, pero el sentido no se acumulaba. Lo que sucedía no llevaba consigo ninguna obligación más allá de la resistencia o la supervivencia.

El judaísmo rompe ese marco.

La historia, en el pensamiento judío, no es solo lo que le ocurre a la humanidad. Es aquello por lo cual la humanidad debe responder. El tiempo no es un círculo. Es una dirección. Y la dirección implica responsabilidad.

Las culturas pre bíblicas en gran medida entendían el tiempo como circular. Las estaciones regresaban. Los reinos seguían patrones. El destino gobernaba. Incluso cuando los dioses intervenían, lo hacían dentro de un orden cósmico inmutable.

El judaísmo introduce algo sin precedentes: el tiempo narrativo.

El tiempo narrativo tiene un pasado que importa, un presente que exige respuesta y un futuro que permanece abierto. Los acontecimientos no son intercambiables. Lo que ocurre ahora modifica lo que podrá ocurrir después. La acción deja un residuo moral.

Por eso la memoria es sagrada en el judaísmo. Recordar no es nostalgia; es responsabilidad. Recordar es aceptar que el pasado sigue reclamando al presente.

«Recuerda que fuiste extranjero en la tierra de Egipto» [10] no es una observación histórica. Es una instrucción moral. La historia interpela a aquellos que están vivos.

La comprensión lineal de la historia en el judaísmo surge del pacto.

El pacto (*brit*) es una de las ideas organizadoras del judaísmo, no menos fundamental que la *teshuvá* o la responsabilidad. No es solo una doctrina teológica, sino una manera integral de comprender la existencia humana, la comunidad y la política. La Biblia hebrea no presenta el pacto como un vínculo místico ni como una creencia abstracta, sino como una relación concreta y moralmente vinculante que estructura la realidad misma.

En su núcleo, el pacto es una relación iniciada y sostenida mediante el compromiso mutuo. Vincula a las partes —Dios e Israel, los israelitas entre sí— a través de promesas de fidelidad asumidas voluntariamente y renovadas de manera continua.

Por ello, el pacto no es ni destino ni contrato en el sentido moderno. Se puede pertenecer a una comunidad por herencia, pero se entra en el pacto por voluntad. El judaísmo insiste en esta distinción: la obligación se hereda, pero la responsabilidad se asume.

Por esta razón, el pacto es menos una idea teológica que una idea teo-política. Funciona como una forma de organización social y política, comparable en importancia a la ley natural para definir la justicia o a las teorías del contrato social para explicar la sociedad política.

Sin embargo, a diferencia de los contratos modernos, el pacto no reduce la obligación al interés propio ni disuelve la comunidad en transacciones individuales. Establece una asociación de iguales —diversos

---

10   *Deuteronomio* 24:22. La Tora repite este mandamiento múltiples veces con pequeñas variaciones (e.g., *Éxodo* 22:20; *Levítico* 19:34; *Deuteronomio* 10:19.

pero vinculados— que se comprometen con fines compartidos bajo una autoridad moral trascendente.

El pacto crea un pueblo no mediante la jerarquía ni la unidad orgánica, sino mediante el consentimiento y la obligación. Permite a los seres humanos seguir siendo libres estando vinculados, preservar la integridad individual y, al mismo tiempo, compartir un destino colectivo. En términos contemporáneos, es una relación federal: unidad sin uniformidad, diversidad sin fragmentación. Por eso la comprensión judía del pacto ha moldeado durante milenios las concepciones judías de la política, la ley y la sociedad civil.

De manera crucial, el pacto nunca es puramente vertical. No vincula únicamente a individuos aislados con Dios. Establece también lazos horizontales de responsabilidad mutua. «*Todos los judíos son responsables unos de otros*» [11] no es un lema moral, sino un principio del pacto: el sujeto del pacto es el pueblo de Israel en su conjunto, a través del tiempo. El pacto es, por tanto, pacto-con-todos-los-demás-judíos, pasados y presentes. La responsabilidad es compartida, heredada e ineludible.

Esta estructura transforma tanto a Dios como al ser humano. En el marco del pacto en el judaísmo, Dios no es un monarca absoluto, sino constitucional, vinculado por promesas del mismo modo que Israel está vinculado por obligaciones. El poder divino queda limitado por la ley; la autoridad se somete a la fidelidad. Al mismo tiempo, la libertad humana es reconocida e institucionalizada. Dios reconoce la agencia humana y exige que los seres humanos acepten las consecuencias de esa libertad: construir comunidades regidas por la ley, buscar la justicia, hacer cumplir normas y responder por el fracaso.

Aquí reside el carácter radical del pacto. La religión deja de operar como magia y se convierte en una ética de la responsabilidad. El poder se subordina a la obligación. La historia se convierte en un proyec-

---

11   Principio formulado explícitamente en el Talmud, *Shevuot* 39a y ya presente en el *Sifra* a *Levítico* 26:37.

to compartido y no en un destino cerrado. El pacto insiste en que el sentido no surge de la dominación ni de la inevitabilidad, sino de la asociación y la responsabilidad.

En su nivel más alto, el pacto es una comunidad de almas: un vínculo de lealtad y cuidado en el que cada miembro es responsable de todos los demás. Es el análogo político de la relación Yo-Tú en la vida personal: una forma de estar con otros que preserva la dignidad, exige respuesta y rechaza la indiferencia. El silencio, la retirada o la neutralidad nunca son actitudes compatibles con el pacto. Estar en pacto es ser interpelado —y responder—.

Por último, el pacto no es estático. La historia judía lo reinterpreta y lo reformula una y otra vez bajo condiciones de crisis. El exilio, la persecución, la emancipación y la modernidad no anulan el pacto; lo ponen a prueba y lo transforman. El pacto perdura precisamente porque es una relación viva, renovada mediante la responsabilidad y no garantizada por el poder.

Vivir en pacto, entonces, es habitar un mundo en el que libertad y obligación son inseparables, donde la comunidad es a la vez heredada y elegida, y donde la responsabilidad —personal, colectiva e histórica— es el precio de la dignidad.

El pacto vincula la acción con la consecuencia a lo largo del tiempo. Afirma que lo que hacen los seres humanos importa no solo de manera inmediata, sino generacional.

La bendición y la maldición no son recompensas y castigos mecánicos. Son la forma moral de la historia misma. Una sociedad que actúa con justicia se vuelve capaz de sostener la vida. Una sociedad que abandona la responsabilidad corroe su propio futuro.

Esto no es determinismo. Es causalidad moral.

El judaísmo rechaza tanto el fatalismo como la utopía. El futuro no está fijado ni garantizado. Está en disputa. Debe ser configurado mediante la acción.

Los profetas no predicen el futuro. Interpretan el presente.

Esta distinción es crucial. La profecía en el judaísmo no es previsión; es diagnóstico moral. El profeta observa la injusticia actual y declara hacia dónde conduce. La historia se lee como consecuencia, no como espectáculo.

Por eso la profecía es incómoda. No permite que el poder se oculte detrás del éxito. Insiste en que la prosperidad puede coexistir con el fracaso moral —y que esa prosperidad es frágil—.

El profeta habla porque la historia aún puede cambiar. Si el futuro estuviera sellado, la palabra sería inútil.

La idea más malentendida del judaísmo es la esperanza mesiánica.

El mesianismo no es la creencia de que la historia terminará en la perfección. Es la creencia de que la historia está inconclusa. Que la redención es posible, pero no inevitable. Que el mundo todavía no es lo que debe llegar a ser.

Esta apertura es ética, no mística. Significa que ningún momento agota la responsabilidad. Ninguna injusticia es definitiva. Ningún fracaso clausura por completo el futuro.

Otras tradiciones buscan la salvación fuera de la historia o la iluminación más allá de ella. El judaísmo insiste en que el sentido debe realizarse dentro de la historia, mediante la acción, la ley y la responsabilidad.

El judaísmo espera —no a que la historia termine, sino a que sea reparada—.

Una vez que la historia se entiende como moralmente orientada, se convierte en una fuente de presión. Cada generación hereda obligaciones inconclusas. El pasado exige rendición de cuentas. El futuro exige preparación.

Por eso el judaísmo nunca se permite estar completo. Su historia carece un capítulo final. Su ley continúa siendo interpretada. Sus debates permanecen abiertos.

La culminación significaría cierre. El cierre significaría exención de la responsabilidad.

El judaísmo rechaza esa exención.

Lo que una civilización cree acerca de la historia determina cómo trata al poder, al tiempo y al ser humano. Si la historia carece de sentido, la responsabilidad se disuelve. Si la historia es cíclica, la responsabilidad se estanca. Si la historia está moralmente orientada, la responsabilidad se profundiza.

El judaísmo se distingue entre las civilizaciones antiguas por insistir en que el futuro se configura éticamente —y en que los seres humanos son responsables de configurarlo—.

Esta afirmación será ahora puesta a prueba en condiciones que ninguna generación anterior ha enfrentado.

Por primera vez, la humanidad está creando fuerzas que actúan más rápido que el juicio histórico, sistemas que operan más allá de la memoria y poderes que quizá ya no reconozcan la obligación.

Si la historia deja de ser un drama moral, la responsabilidad no solo se debilitará: desaparecerá.

La pregunta que ahora se nos plantea no es si la historia continuará. Es si seguirá significando algo.

Una civilización rara vez advierte el momento en que cruza un umbral. El cambio suele anunciarse como progreso: más rápido, más fuerte, más eficiente, más capaz. Solo más tarde se vuelve claro que algo más profundo ha cambiado: que las condiciones bajo las cuales la responsabilidad solía formarse se han alterado silenciosamente.

El judaísmo siempre ha estado atento a este peligro. No porque tema al poder, sino porque comprende cómo se comporta el poder cuando escapa a la restricción moral.

La historia contada en este libro hasta ahora no era tecnológica. Era antropológica. Describía a un ser humano definido no por la capacidad, sino por la responsabilidad; una civilización organizada en torno a la demora, la ley, el debate, la memoria y la obligación; una concepción de la historia como moralmente orientada y no como repetición mecánica. Esta arquitectura permitió al judaísmo atravesar el poder sin adorarlo. Pero la arquitectura por sí sola no detiene la presión.

Cada gran transformación tecnológica ejerce tensión sobre las estructuras morales que la precedieron. Cuando las herramientas cambian lo que los seres humanos pueden hacer, también cambian lo que los seres humanos se sienten tentados a excusar. La velocidad empieza a parecer necesidad. La mera magnitud empieza a parecer inevitabilidad. La complejidad empieza a parecer exención. En ese punto, el poder ya no necesita justificarse. Simplemente opera.

Lo que sigue ahora no es una historia de inventos, sino una historia de umbrales: momentos en los que la humanidad adquirió nuevos poderes más rápido de lo que aprendió a gobernarlos.

La revolución científica no solo produjo conocimiento; redefinió lo que contaba como conocimiento.

La revolución industrial no solo amplificó el trabajo; reordenó el tiempo, el espacio y la autoridad.

Cada transformación amplió el alcance humano mientras erosionaba silenciosamente formas anteriores de fricción moral.

Y, sin embargo, a lo largo de todo ese proceso, algo permaneció intacto.

A pesar de telescopios y motores, de ferrocarriles y telégrafos, de fábricas y burocracias, el ser humano siguió siendo el último lugar del juicio. Las máquinas extendieron cuerpos y sentidos. Los sistemas aceleraron la acción. Pero la interpretación, el sentido y la responsabilidad siguieron perteneciendo a agentes humanos.

Esa condición está a punto de cambiar.

Antes de enfrentarse a una tecnología que simula el juicio mismo, es necesario comprender cómo las revoluciones anteriores prepararon el terreno. No por intención, sino por acumulación. No por malicia, sino por inercia.

La parte de este libro que comienza aquí recorre esos umbrales anteriores —no para asignar culpas, sino para clarificar herencias—. El mundo que produce la inteligencia artificial no apareció de repente. Fue construido, capa por capa, por civilizaciones que aprendieron a dominar la naturaleza mucho antes de aprender a contenerse a sí mismas.

El judaísmo ha atravesado todos esos umbrales antes. A veces como participante. A veces como crítico. A menudo como conciencia. Nunca como dueño.

La pregunta ahora es si esa memoria histórica todavía importa —cuando el poder ya no llega con un rostro humano y cuando la decisión misma amenaza con separarse de la responsabilidad—.

Lo que sigue es la historia de cómo la humanidad aprendió a acelerar más rápido de lo que aprendió a responder.

Y de por qué esa aceleración enfrenta ahora su prueba final.

PARTE II

UMBRALES DE LA CIVILIZACIÓN

Capítulo 6

La Revolución Científica: cuando el mundo se volvió legible

Entre los siglos XVI y XVII, el conocimiento dejó de apoyarse principalmente en la sabiduría heredada, los textos sagrados o el propósito moral, y pasó a fundarse en la medición, el experimento y la capacidad predictiva.

Esta reorientación fundamental en la manera de comprender la realidad es lo que comúnmente se denomina la Revolución Científica.

No comenzó como una rebelión contra Dios. Comenzó como una rebelión contra la opacidad.

Durante la mayor parte de la historia humana, la realidad gobernó a través del misterio. El cosmos estaba regido por fuerzas que no podían ser cuestionadas, solo aplacadas. Las tormentas llegaban porque los dioses así lo querían. Las enfermedades aparecían porque el destino lo exigía. El poder se justificaba apelando a lo inescrutable. Aquello que no podía explicarse no podía ser impugnado.

El judaísmo ya había roto con esta lógica mucho antes de que surgiera la ciencia moderna. La tradición profética rechazó la idea de que la realidad fuera muda o arbitraria. Exigió que la existencia respondiera a la razón moral. «*¿Acaso el Juez de toda la tierra no hará justicia?*»[12] no es solo una pregunta teológica; afirma que la realidad misma debe es-

---

12   *Génesis* 18:25

tar abierta al juicio. La realidad debe ser lo suficientemente inteligible como para poder ser juzgada.

Hacer el mundo inteligible no convierte, por sí solo, a los seres humanos en responsables.

El conocimiento amplía el poder más rápido de lo que amplía el juicio. Cuando la explicación sustituye a la obligación, el dominio pierde peso moral.

La Revolución Científica hereda esta exigencia —pero la separa del pacto—.

En las sociedades premodernas, el misterio funcionaba como una forma de gobierno. Cuanto menos inteligible parecía el mundo, mayor era la autoridad de quienes afirmaban tener acceso privilegiado a sus secretos —sacerdotes, reyes, oráculos—. El conocimiento no era acumulativo; era custodial. La verdad no avanzaba: se resguardaba.

Esto no era ignorancia. Era estructura.

La opacidad estabilizaba la jerarquía. Si el mundo no podía comprenderse, no podía cuestionarse. Si los acontecimientos eran resultado del capricho divino o de la necesidad cósmica, la responsabilidad se disolvía en la sumisión.

El judaísmo ya había protestado contra este orden. Los profetas se negaron a aceptar que el sufrimiento, la injusticia o el poder pudieran ocultarse tras el misterio. Pero la profecía, por sí sola, no podía reorganizar la comprensión material del mundo.

La ciencia sí lo haría.

La Revolución Científica comienza cuando pensadores como Galileo, Kepler y Newton insisten en algo radicalmente simple: el universo opera conforme a leyes que pueden descubrirse, formularse y ponerse a prueba. La realidad no solo ocurre. Obedece.

Esto no es un rechazo de la trascendencia. Es una negativa a aceptar la arbitrariedad.

La naturaleza se vuelve legible. Los cielos dejan de ser el dominio del capricho divino para convertirse en el de un orden matemático. El movimiento sigue reglas. Las fuerzas pueden medirse. Las causas pueden rastrearse. Los efectos pueden predecirse.

Esta es una transformación ética disfrazada de transformación técnica.

Decir que el mundo debe tener sentido es decir que no puede gobernar mediante el silencio. Exigir explicación es rechazar la dominación del misterio. En este sentido, la ciencia es una continuación secular de la protesta profética contra la opacidad.

Sin embargo, algo crucial cambia.

La exigencia profética de inteligibilidad siempre estuvo ligada a la responsabilidad. Comprender el mundo implicaba ser responsable de cómo se actuaba dentro de él. El conocimiento no era neutral. Obligaba.

La Revolución Científica rompe ese vínculo.

La ciencia insiste en que la realidad sea inteligible, pero no exige que el poder responda por sí mismo. La naturaleza puede ahora ser dominada sin ser interpretada moralmente. El conocimiento se acumula más rápido que el juicio. La explicación sustituye a la obligación.

Esto no es un fracaso de la ciencia. Es un límite de su alcance.

La ciencia puede decirnos cómo funciona el mundo. No puede decirnos qué es lo que el mundo nos demanda.

La ciencia moderna redefine al ser humano como observador: separado, neutral, situado fuera del sistema que estudia. El sujeto que conoce se separa de lo conocido.

Esta posición es inmensamente poderosa. Permite objetividad, replicación y control. Pero también introduce distancia —moral además de epistemológica—.

Cuando el mundo es tratado como objeto, resulta más fácil manipularlo sin reflexión. Cuando el sujeto que conoce se distancia, la responsabilidad puede ser aplazada.

El judaísmo nunca había permitido esta separación. El ser humano estaba siempre dentro del mundo, interpelado por él, ligado por la obligación. El conocimiento era inseparable de la conducta.

La postura científica altera este equilibrio.

Y, sin embargo —pese a su fuerza revolucionaria—, la Revolución Científica deja intacta una estructura crucial.

El juicio humano sigue siendo central.

Las máquinas no deciden. Los instrumentos no interpretan el sentido. Los datos no gobiernan la acción. La mente humana continúa siendo el árbitro final del significado y de la responsabilidad.

La ciencia amplía la visión. No reemplaza la conciencia moral.

Esta distinción importa.

Porque mientras la interpretación siga siendo humana, la responsabilidad todavía puede localizarse. El poder puede crecer, pero la capacidad de responder aún no se ha disuelto.

La Revolución Científica libera a la humanidad de la superstición y de la autoridad arbitraria. Vuelve el mundo inteligible. Empodera la intervención. Salva vidas.

Pero también introduce una tentación: creer que la explicación basta, que el control justifica, que el entendimiento reemplaza a la obligación.

El judaísmo se resiste a esa tentación.

Comprender no es quedar absuelto. Explicar no es quedar excusado. Que el mundo se vuelva legible no significa que se vuelva moralmente neutral.

Pero en esta etapa, algo todavía se mantiene.

Los seres humanos pueden ahora dominar la naturaleza —pero todavía se gobiernan a sí mismos—. El juicio sigue siendo lento. La responsabilidad sigue siendo posible. Todavía existe una demora entre el conocimiento y la acción.

Esa demora no durará para siempre.

La Revolución Científica abre la puerta a un poder sin precedentes. Todavía no se pregunta si la humanidad está preparada para cargar con él. Esa pregunta pronto se volverá ineludible.

Capítulo 7

La Revolución Industrial: cuando el tiempo fue conquistado

Si la Revolución Científica volvió al mundo inteligible, la Revolución Industrial lo volvió obediente.

Por primera vez en la historia humana, el poder dejó de esperar a la naturaleza. La energía podía generarse a demanda, sostenerse de manera indefinida y dirigirse con precisión. Los ríos dejaron de determinar dónde podían instalarse las fábricas. Las estaciones dejaron de gobernar cuándo podía realizarse el trabajo. El músculo —humano o animal— dejó de ser la medida principal de la producción.

Lo que cambió no fue solo cuánto podía hacer la humanidad, sino *cuándo* podía hacerlo.

El tiempo mismo fue capturado.

Antes de la industrialización, el poder era intermitente. El viento subía y bajaba. El agua fluía o se congelaba. Las cosechas llegaban cuando llegaban. Incluso los imperios estaban atados a ritmos ecológicos que no podían superar.

Estos límites imponían demora.

Creaban pausas entre la intención y la ejecución, entre el deseo y su cumplimiento. La responsabilidad moral no surgía automáticamente de esas pausas, pero las pausas hacían posible la responsabilidad. El poder no podía acelerarse más allá del juicio humano porque no podía acelerarse más allá de la naturaleza.

Esa restricción desaparece con el vapor.

La máquina de vapor no es revolucionaria porque es poderosa. Es revolucionaria porque es fiable.

A diferencia del viento o del agua, el vapor no espera. Responde. Puede convocarse a voluntad, sostenerse de forma continua y ampliarse a gran escala. Por primera vez, la energía se vuelve abstracta: separable del entorno, del lugar y de la estación.

El poder ya no se toma prestado de la naturaleza. Se fabrica.

La responsabilidad depende de la demora. Cuando el tiempo se vuelve controlable, el juicio se vuelve opcional.

Esto marca un cambio profundo en la relación humana con el tiempo. El trabajo ya no sigue la luz del día. La producción ya no respeta el agotamiento. El rendimiento ya no se detiene porque los cuerpos se detengan.

La máquina no se cansa. Y, cada vez más, tampoco debería cansarse el ser humano.

La industrialización reorganiza la vida en torno al reloj.

El tiempo se vuelve divisible, cuantificable e intercambiable. Las horas pueden comprarse y venderse. La productividad puede medirse. La eficiencia se convierte en la virtud suprema.

Esta transformación no es neutral. Reconfigura al ser humano.

Bajo el tiempo del reloj, la demora aparece como desperdicio. La reflexión se vuelve ineficiencia. El descanso se vuelve sospechoso. El juicio es presionado para mantenerse al ritmo de la producción. Los ritmos más lentos en los que antes se desplegaba la deliberación moral pasan a tratarse como obstáculos al progreso.

El ser humano deja de ser la medida del tiempo. El tiempo se convierte en la medida del ser humano.

Las fábricas no solo producen bienes. Producen disciplina.

Los cuerpos se sincronizan. Los movimientos se estandarizan. Las tareas se fragmentan. La toma de decisiones se centraliza. La responsabilidad se difunde a través de sistemas que ningún individuo controla por completo.

Esta difusión importa.

Cuando la acción se divide en partes, la responsabilidad se vuelve difícil de localizar. Nadie causa el daño. Todos siguen el procedimiento. El sistema avanza, y los individuos avanzan con él.

El poder se expande —pero la capacidad de responder se adelgaza—.

No se trata de crueldad por intención. Es daño por estructura.

La sociedad industrial avanza más rápido de lo que sus marcos morales pueden adaptarse.

Nuevas formas de explotación emergen antes de que puedan articularse nuevas formas de protección. El derecho lucha por alcanzar la escala. La ética queda rezagada frente a la capacidad. La velocidad de la producción supera la velocidad del juicio.

El judaísmo reconoce este patrón.

Siempre ha entendido que cuando el poder se acelera, la responsabilidad debe reforzarse deliberadamente —o será desbordada—. La era industrial no destruye la responsabilidad, pero la somete a una presión sin precedentes.

Y, sin embargo, incluso aquí, algo crucial permanece intacto.

Las máquinas producen. Los seres humanos deciden.

A pesar de la mecanización, el juicio sigue siendo ejercido por personas. Las órdenes las dan autoridades humanas. Los objetivos los fijan instituciones humanas. El sentido sigue siendo interpretado por mentes humanas.

La máquina de vapor amplía la fuerza. No simula el juicio.

Esta distinción preserva un último anclaje moral. Mientras las decisiones sigan siendo humanas, la responsabilidad aún puede asignarse

—aunque sea de manera imperfecta, aunque sea de forma injusta—.

El centro se mantiene, aunque tiembla.

La gran tentación de la Revolución Industrial es confundir la velocidad con la necesidad.

Cuando los sistemas se mueven rápido, frenarlos parece irresponsable. Cuando la productividad aumenta, la contención parece irracional. Cuando la eficiencia ofrece resultados, la deliberación parece un lujo.

Esta tentación no borra la conciencia. La presiona.

El judaísmo resiste insistiendo en que el poder nunca se justifica por sí mismo. Que la velocidad no absuelve. Que los sistemas no sustituyen al juicio. Que la responsabilidad no puede delegarse en la maquinaria.

Pero la resistencia se vuelve más difícil a medida que la escala aumenta.

Este capítulo marca el segundo umbral moderno: el tiempo se vuelve controlable.

Por ahora.

La Revolución Industrial conquista el tiempo —pero todavía no conquista el juicio—. El ser humano sigue interponiéndose entre el poder y la acción.

Esa posición pronto se volverá inestable.

Capítulo 8

El colapso de la distancia: el ferrocarril, el telégrafo y la compresión del mundo

La Revolución Industrial conquistó el tiempo. La siguiente revolución colapsó la distancia.

Hasta el siglo XIX, el poder permanecía ligado a la presencia física. Gobernar era estar cerca. Mandar era situarse al alcance de la vista, del oído o del cuerpo. La autoridad requería encarnación. Las decisiones viajaban a la velocidad de los cuerpos —a pie, a caballo, en barco. La distancia imponía demora, y la demora preservaba una cierta fricción moral. La responsabilidad moral se debilita cuando la acción deja de requerir encuentro.

Esa fricción estaba a punto de desaparecer.

El ferrocarril hizo algo más que mover personas con mayor rapidez. Reorganizó la manera en que los seres humanos experimentaban el espacio.

Antes del tren, la distancia era física y vivida. Una ciudad estaba lejos porque el viaje era arduo. La separación se medía en fatiga, peligro y tiempo lejos del hogar. Con el ferrocarril, la distancia se redujo no en kilómetros, sino en significado.

Las ciudades se acercaron sin moverse.

De pronto, lo que requería días pasó a requerir horas. Regiones que se sentían remotas se volvieron contiguas. El mapa no cambió, pero sí la experiencia humana del mundo. El espacio se volvió psicológico más que geográfico.

Esta transformación impuso una nueva disciplina al propio tiempo. El tiempo local dejó de ser suficiente. Los ferrocarriles exigieron sincronización. Los relojes se estandarizaron. El mundo empezó a funcionar con minutos compartidos, no con ritmos vividos.

El tiempo dejó de ser personal. Se volvió sistémico.

El cambio más profundo no fue la velocidad, sino la *presencia sin proximidad*.

El tren permitió que el poder actuara a distancia conservando coherencia. Las órdenes podían emitirse desde el centro y ejecutarse lejos, sin que el gobernante llegara nunca. Las decisiones económicas podían remodelar comunidades que quien decidía jamás vería.

La acción ya no requería encuentro.

Esto importaba moralmente. La presencia siempre había impuesto una responsabilidad mínima. Ver los efectos de las propias decisiones implicaba verse afectado por ellos. La distancia había funcionado como un freno ético débil pero real. El ferrocarril debilitó ese freno.

Si el tren colapsó el espacio, el telégrafo aniquiló la espera.

Por primera vez en la historia humana, un mensaje podía llegar antes que su emisor. El pensamiento se desprendió del movimiento. Las palabras adelantaron a los cuerpos. El mando superó por completo a la presencia.

No fue solo comunicación más rápida. Fue una nueva condición de la acción.

Las decisiones podían tomarse sin inmersión temporal. Las órdenes podían emitirse sin demora, revisarse al instante y amplificarse a través de vastos territorios. La voz humana adquirió alcance sin viaje, impacto sin encuentro. El mundo se volvió receptivo en tiempo real.

El telégrafo introdujo una nueva asimetría moral: **mandato sin contacto**.

Quienes decidían quedaban cada vez más aislados de las consecuencias de sus decisiones. Los efectos ocurrían en otro lugar. El sufrimiento se desarrollaba fuera de escena. La responsabilidad se estiraba y adelgazaba a lo largo de cables y oficinas.

Nadie pretendía la crueldad. Pero la crueldad se volvió más fácil.

Cuando la acción se separa de la presencia, la empatía se vuelve opcional. Cuando la consecuencia se aplaza o se desplaza, la responsabilidad se vuelve abstracta.

El judaísmo siempre resistió esta abstracción. Su ley insiste en la proximidad: entre juez y juzgado, testigo y acontecimiento, palabra y destinatario. Las palabras importan porque se dicen a alguien. Las acciones importan porque se hacen a alguien.

El telégrafo altera esta intimidad.

Los pensadores judíos percibieron pronto este peligro.

Una enseñanza jasídica del siglo XIX lo capta con una precisión sorprendente. Al preguntársele qué podía aprenderse de las nuevas tecnologías, el rabino Avraham Yaakov de Sadagóra respondió:

Del tren: que un solo instante puede costarlo todo.

Del telégrafo: que cada palabra cuenta y tiene un precio.

Del teléfono: que lo que se dice aquí se oye allí.

No era tecnofobia. Era percepción moral.

La aceleración intensifica la responsabilidad en lugar de disolverla —pero solo si la responsabilidad se preserva conscientemente—. Cuando la velocidad aumenta sin refuerzo ético, las palabras se multiplican más rápido que la rendición de cuentas.

Y, sin embargo —incluso tras el colapso de la distancia—, algo crucial todavía se mantiene.

Los seres humanos siguen originando los mensajes. Los seres humanos siguen decidiendo el contenido. Los seres humanos siguen interpretando el sentido. Las máquinas transmiten, pero no juzgan. Los cables transportan señales, pero no eligen resultados.

La responsabilidad está tensionada, pero aún no se ha roto.

El ser humano sigue siendo el lugar de la intención.

A fines del siglo XIX, la humanidad ha logrado algo sin precedentes:

- el tiempo puede comprimirse
- el espacio puede colapsarse
- el poder puede proyectarse de inmediato
- la acción puede ocurrir sin presencia

Y, pese a todo ello, la arquitectura moral heredada de épocas anteriores todavía funciona —apenas—.

El juicio es más lento que la transmisión, pero existe. La interpretación va detrás de la acción, pero sobrevive. La responsabilidad se estira y demarca, pero sigue siendo humana. Esta condición no perdurará indefinidamente.

El tren y el telégrafo preparan el mundo para algo más radical que la velocidad o el alcance. Lo preparan para la **automatización de la decisión**.

Una vez que la acción ya no requiere presencia, la siguiente tentación es eliminar la deliberación por completo. Una vez que los mensajes se mueven más rápido que el pensamiento, el siguiente paso es dejar que los sistemas decidan qué mensajes importan.

El colapso de la distancia prepara el escenario para el colapso del juicio.

Ese colapso no llegará a través del acero o del cable, sino a través de la abstracción. Y cuando llegue, el monopolio humano del sentido quedará finalmente quebrado.

Capítulo 9

El giro digital: cuando la realidad se convirtió en código

Las revoluciones descritas hasta ahora transformaron las condiciones del poder, pero no alteraron su centro. La ciencia volvió al mundo inteligible. La industria conquistó el tiempo. El ferrocarril y el telégrafo colapsaron la distancia. Y, sin embargo, en todos los casos, el sentido, el juicio y la responsabilidad seguían originándose en la mente humana.

La Revolución Digital cambia esta condición desde la raíz.

No se limita a acelerar la acción ni a ampliar el alcance. Abstrae la realidad misma.

Por primera vez, el mundo deja de experimentarse principalmente como materia, lugar o acontecimiento, y pasa a experimentarse como información. La realidad se vuelve legible no solo para los seres humanos, sino también para las máquinas. Cuando la realidad se convierte en código, el sentido se separa de la presencia. La responsabilidad pierde su último anclaje en el cuerpo humano.

Este desplazamiento marca un umbral silencioso pero decisivo: el sentido se separa de la encarnación.

El giro digital comienza cuando la información se separa de su soporte físico.

El lenguaje ya no requiere papel. Las imágenes ya no requieren objetos.

La memoria ya no requiere cuerpos ni lugares. Todo aquello que antes dependía de la presencia material puede ahora codificarse, copiarse, transmitirse y almacenarse como datos. Esto no es una nota técnica al pie. Es una transformación ontológica.

Cuando la realidad se convierte en código, se vuelve manipulable de modos que la realidad física nunca lo fue.

El código puede duplicarse sin pérdida, transmitirse sin demora, recombinarse sin costo. Puede procesarse a velocidades que exceden la cognición humana.

El mundo no solo se mueve más rápido. Se vuelve procesable.

La abstracción siempre ha sido una fuente de poder. La escritura abstrae el habla. El dinero abstrae el valor. La ley abstrae la justicia. Cada abstracción permite control a gran escala, pero cada una introduce también un riesgo moral.

La abstracción digital es inédita porque es total.

Todo —el habla, el deseo, el movimiento, la preferencia, la atención— puede traducirse en información digitalizada. Una vez traducido, puede analizarse, predecirse y optimizarse. La realidad deja de resistirse a la interpretación y se vuelve disponible para el cálculo, la predicción y la optimización.

Esto produce una nueva forma de autoridad: una autoridad fundada no en la fuerza ni en la presencia, sino en patrones.

Las tecnologías anteriores eran instrumentos. Extendían las facultades humanas, pero permanecían pasivas. Esperaban instrucciones. No iniciaban. Los sistemas digitales se comportan de otro modo. Clasifican, ordenan, recomiendan, filtran y priorizan. Moldean lo que se ve y lo que se ignora. Median el acceso a la realidad misma. Cada vez más, operan de forma continua, autónoma y a gran escala. Y, sin embargo, incluso aquí, algo parece permanecer intacto.

Los seres humanos diseñan los sistemas. Los seres humanos fijan los objetivos. Los seres humanos permanecen «dentro del circuito». El juicio, al parecer, solo ha sido asistido, no reemplazado.

Esta apariencia es engañosa.

Los sistemas digitales crean una ilusión de dominio porque son construidos por seres humanos. Pero, una vez desplegados, operan en entornos demasiado complejos y dinámicos como para que la supervisión humana siga siendo significativa.

Ningún individuo comprende el sistema en su totalidad. Ninguna decisión aislada explica el resultado. La responsabilidad se dispersa a través de arquitecturas, actualizaciones, bucles de retroalimentación y comportamientos emergentes.

Cuando algo sale mal, no hay un autor claro: solo procesos.

Esta dispersión no elimina la responsabilidad. La oscurece.

El judaísmo siempre ha advertido contra esta condición precisa: acción sin rostro, poder sin nombre, autoridad sin dirección a la que responder.

A pesar de esta presión, un límite aún se mantiene al final del giro digital.

Las máquinas procesan información. No interpretan el sentido.

Los algoritmos ordenan datos, pero no comprenden qué importa. Los sistemas optimizan resultados, pero no saben por qué esos resultados deberían importar. El contexto, el valor y el significado moral siguen requiriendo juicio humano.

Este es el último monopolio humano.

Y es frágil.

Una vez que la realidad queda plenamente abstraída —una vez que el lenguaje, las imágenes, la memoria y la elección están codificados—, el siguiente paso se vuelve imaginable.

Si los patrones pueden procesarse, ¿por qué no predecirse?

Si las predicciones pueden generarse, ¿por qué no actuar sobre ellas?

Si la acción puede automatizarse, ¿por qué conservar la deliberación humana?

El giro digital aún no responde a estas preguntas. Pero las vuelve inevitables.

Por primera vez, el ser humano deja de ser el único lugar donde la realidad adquiere sentido. La interpretación misma empieza a migrar hacia los sistemas. El juicio ya no es solo asistido: se prepara para ser simulado.

Este es el momento en que la historia cambia.

Hasta aquí, toda transformación en la historia humana —por disruptiva que fuera— había preservado una suposición decisiva: que el sentido se origina en el ser humano.

La ciencia volvió al mundo inteligible, pero los seres humanos interpretaban su significado. La industria multiplicó el poder, pero los seres humanos decidían cómo usarlo. El ferrocarril y el telégrafo colapsaron la distancia, pero los seres humanos seguían eligiendo qué decir y cuándo actuar.

Los sistemas digitales abstrajeron la realidad, pero los seres humanos siguieron siendo los árbitros finales del valor, el contexto y el juicio.

Esa suposición ahora queda al descubierto.

Lo que hemos venido llamando «progreso» no solo ha incrementado el poder. Ha ido disminuyendo de manera constante la distancia entre la intención y la ejecución, erosionando las pausas en las que se forma el juicio y desplazando la responsabilidad hacia sistemas demasiado complejos para ser plenamente vistos. En cada etapa, algo humano permanecía en el centro —hasta ahora—.

El peligro que se avecina no es que las máquinas se vuelvan poderosas. El poder siempre ha sido peligroso. El peligro es que el juicio mismo deje de requerir un sujeto humano.

Cuando la interpretación se automatiza, cuando la explicación se genera sin comprensión, cuando las decisiones se ejecutan más rápido de lo que la deliberación puede ocurrir, la responsabilidad no desaparece: se vuelve imposible de localizar.

El judaísmo siempre ha insistido en que la responsabilidad debe tener una dirección. Alguien debe poder responder. Alguien debe poder decir *hineni* —aquí estoy—.

Una civilización en la que nadie puede decir eso no ha resuelto el problema del poder. Lo ha eludido.

Por primera vez, la humanidad está construyendo sistemas que no solo actúan por nosotros, sino que comienzan a actuar en lugar de nosotros: sistemas que aprenden, infieren, recomiendan y pronto deciden.

Esto no es la llegada de una nueva herramienta. Es la llegada de un nuevo participante.

Los capítulos que siguen examinarán cómo emerge la inteligencia no biológica, por qué no puede entenderse como una continuación de tecnologías anteriores y qué ocurre cuando el juicio mismo se vuelve escalable.

La pregunta ya no es si el poder puede ser controlado.

Es si la responsabilidad puede sobrevivir cuando la inteligencia deja de ser humana por defecto.

El último monopolio humano está a punto de ser puesto a prueba.

Lo que sigue no es una extensión de tecnologías anteriores, sino una ruptura en la economía moral misma.

Capítulo 10

El surgimiento de la
inteligencia no biológica

Hasta ahora, toda invención que dio forma a una civilización —la escritura, la imprenta, las máquinas, la computación— dependía de una condición fundamental: la interpretación humana seguía siendo el lugar final del sentido. Las herramientas ampliaban la capacidad. Los sistemas aumentaban la escala. Pero la iniciativa, el juicio y la responsabilidad permanecían anclados en la mente humana.

Esa condición ya no se mantiene.

La inteligencia artificial marca el primer momento en la historia en el que la inteligencia misma comienza a separarse de la biología —no de manera metafórica, sino funcional—. No es un nuevo instrumento de poder. Es una nueva forma de agencia que entra en el mundo humano.

Las tecnologías anteriores obedecían. Esperaban. Ejecutaban instrucciones. Incluso las máquinas más complejas permanecían pasivas hasta ser activadas por una intención humana.

Los sistemas de IA son distintos.

No se limitan a almacenar información ni a acelerar el cálculo. Modelan patrones de razonamiento. Infieren. Generan. Anticipan. Interactúan con la realidad de modos que se asemejan a la comprensión —sin poseerla—.

Por primera vez, el acto de dar sentido al mundo deja de ser exclusivamente humano.

Aquí la civilización cruza un punto de no retorno.

La IA es un conjunto de sistemas construidos por seres humanos, diseñados para interpretar entradas, generar respuestas y actuar en el mundo sin requerir instrucciones humanas constantes.

No piensa como piensan los seres humanos. No conoce como conocen los seres humanos. No comprende el sentido, la intención ni el valor. Lo que hace es detectar patrones a gran escala y operar sobre ellos con una velocidad y una consistencia que ningún ser humano puede igualar.

Y, sin embargo —porque el lenguaje, el juicio y la elección mismos exhiben patrones—, la IA puede simular la superficie de la cognición con una fidelidad inquietante.

El peligro no es la confusión sobre *qué es* la IA. El peligro es la confusión sobre *qué es lo que sustituye*.

Los primeros pioneros de la inteligencia artificial creían que la inteligencia podía diseñarse directamente a partir de la lógica formal. Si el razonamiento seguía reglas, esas reglas podían codificarse. Si el conocimiento podía representarse simbólicamente, las máquinas podían manipularlo.

Este enfoque fracasó de manera reiterada.

Décadas de esfuerzos produjeron sistemas que funcionaban en dominios estrechos, pero colapsaban en entornos abiertos. La inteligencia humana resultó ser demasiado contextual, demasiado encarnada, demasiado saturada de afecto como para reducirse a esquemas formales.

Entonces surgió un segundo enfoque: no replicar la inteligencia directamente, sino aproximarla estadísticamente. En lugar de programar comprensión, los ingenieros entrenaron sistemas con enormes volúmenes de comportamiento humano: lenguaje, imágenes, preferencias, decisiones.

La IA no aprendió qué significan las cosas. Aprendió cómo se comportan los seres humanos cuando parecen significar algo. Este desplazamiento lo cambió todo.

Los sistemas modernos de IA son poderosos precisamente porque no son inteligentes en sentido humano.

No dudan. No vacilan. No se cansan. No cargan la memoria como peso ni como trauma. No heredan la cultura como responsabilidad. No responden ante la historia.

Operan sin vida interior.

Y, sin embargo, porque pueden generar lenguaje, explicaciones y recomendaciones, ocupan cada vez más funciones que antes estaban reservadas al juicio humano: asesor, traductor, evaluador, incluso socio creativo. Esto no es imitación en los márgenes. Es intrusión en el núcleo.

Desde el inicio, la IA ha llevado consigo una promesa —y una amenaza— de auto-aceleración.

Si las máquinas pueden asistir al pensamiento humano, ¿por qué no permitirles diseñar máquinas mejores? Si la inteligencia puede mejorarse de manera iterativa, ¿por qué suponer un límite en el nivel humano?

Esta idea —formulada por primera vez a mediados del siglo XX y luego popularizada como la "Singularidad"— descansa en una premisa simple: la inteligencia no biológica puede combinar velocidad, memoria y escalabilidad de modos que la inteligencia biológica no puede. Que tal explosión ocurra o no es secundario.

La ruptura ética ocurre mucho antes: en el momento en que permitimos que los sistemas decidan sin demora moral.

Algunos sostienen que la IA se entiende mejor no como inteligencia artificial, sino como una nueva forma de colaboración social: humanos y máquinas pensando juntos.

Esto es parcialmente cierto —y profundamente engañoso—.

La colaboración presupone simetría de responsabilidad. Supone que todos los participantes pueden rendir cuentas. Pero los sistemas de IA no pueden responder. No pueden justificarse moralmente. No pueden hacerse cargo de sus resultados. Solo pueden generar más resultados.

Cuando la colaboración carece de reciprocidad, se convierte silenciosamente en sustitución.

La pregunta decisiva no es si las máquinas pueden pensar. Es si pensar es lo que nos hace humanos.

Si la inteligencia se toma como la medida del valor, las máquinas inevitablemente nos superarán. Si la velocidad, la optimización y la precisión predictiva se convierten en las virtudes supremas, el juicio humano aparecerá como lento, sesgado y prescindible.

El judaísmo ofrece otra medida.

El ser humano no es irreemplazable porque piensa. Es irreemplazable porque responde.

La IA no tiene pacto. No tiene mandato. No tiene *hineni*. No puede decir «aquí estoy». No puede asumir responsabilidad por consecuencias que exceden su función.

Esto no es una limitación técnica. Es una limitación ontológica.

Con la IA, la humanidad cruza una línea que nunca antes había cruzado.

Por primera vez, la inteligencia entra en la historia no como naturaleza ni como destino, sino como una presencia diseñada —una presencia que habla, juzga y actúa dentro de sistemas humanos sin compartir la responsabilidad humana—.

Por eso la IA no puede entenderse como la siguiente tecnología.

Es la primera presencia no humana que entra en el espacio humano del habla, del juicio y de la decisión —el mismo espacio en el que el judaísmo sitúa la dignidad—.

Lo que sigue examinará qué ocurre cuando ese espacio deja de ser exclusivamente humano.

La pregunta ya no es si las máquinas se volverán inteligentes. Es si los seres humanos seguirán siendo responsables.

El debate público sobre la inteligencia artificial está dominado por una sola pregunta: ¿pueden las máquinas pensar? Esta pregunta no solo es engañosa; es peligrosa. Dirige la atención hacia el eje equivocado del problema y permite que la verdadera ruptura moral avance sin ser vista.

El judaísmo lo reconocería de inmediato. Las civilizaciones no colapsan porque malentiendan la capacidad, sino porque confunden la responsabilidad.

Plantear la IA como una cuestión de inteligencia es aceptar un error moderno: que la inteligencia es lo que hace humanos a los seres humanos. Esta suposición es reciente, culturalmente específica y profundamente inestable.

Durante la mayor parte de la historia humana, la inteligencia nunca fue tratada como la fuente de la dignidad. Los niños, los ancianos, los enfermos y los no instruidos no se consideraban menos humanos por saber menos o razonar más lentamente. Lo que unía a los seres humanos no era la paridad cognitiva, sino la condición moral.

El judaísmo nunca definió al ser humano como quien piensa mejor. Lo definió como quien puede ser interpelado y llamado a responder.

Una vez que la inteligencia se convierte en la medida del valor, la comparación se vuelve inevitable. Sigue la jerarquización. La sustitución se vuelve imaginable. Si la inteligencia es lo que importa, una inteligencia superior siempre justificará la dominación.

Esto no es un peligro futuro. Es uno antiguo, que regresa en forma digital.

La inteligencia artificial no es una nueva inteligencia que compite con la nuestra. Es una categoría distinta por completo.

La inteligencia humana es inseparable de:

- la encarnación
- la vulnerabilidad
- la mortalidad
- la memoria como carga
- el tiempo como límite
- la relación como obligación

La inteligencia de la IA no es ninguna de estas cosas. Es reconocimiento estadístico de patrones que opera a gran escala. No tiene vida interior, ni interés en los resultados, ni exposición a las consecuencias.

Comparar ambas bajo una sola etiqueta —«inteligencia»— es cometer un error de categoría, como comparar la ley con la gravedad o la oración con la electricidad.

El judaísmo insiste en que el sentido no emerge solo de la cognición, sino de la capacidad de responder. La inteligencia sin responsabilidad no es sabiduría; es poder sin freno.

La verdadera pregunta no es si las máquinas pueden pensar. Es si la decisión, el juicio y la autoridad pueden ejercerse sin un sujeto responsable.

Esa pregunta no tiene nada que ver con el CI, la creatividad o la capacidad de resolver problemas. Tiene todo que ver con la estructura moral.

Un sistema puede superar a los seres humanos en toda tarea cognitiva y seguir siendo moralmente irrelevante —a menos que se le permita decidir, recomendar, priorizar o actuar de maneras que configuren vidas humanas—.

En el momento en que delegamos el juicio y no solo la ejecución, la inteligencia deja de ser el problema. La responsabilidad se convierte en el problema.

La obsesión con la inteligencia no es accidental. Es psicológicamente tranquilizadora.

Si la IA se presenta como una competencia de mentes, los seres humanos pueden consolarse con indicadores: pruebas de creatividad, debates sobre la conciencia, simulaciones emocionales. Mientras las máquinas «no sean realmente inteligentes», la crisis moral parece postergada.

Pero la crisis no espera a que las máquinas sean conscientes. Comienza en el momento en que:

- las decisiones se automatizan
- las explicaciones se generan sin comprensión
- los resultados ocurren sin que nadie pueda decir «yo elegí esto»

El judaísmo llamaría a esto un colapso de la posibilidad de interpelación.

La inteligencia solo se vuelve peligrosa cuando se separa del pacto.

El pacto significa una obligación que no puede optimizarse hasta desaparecer. Significa estar ligado al otro incluso cuando la eficiencia aconseja lo contrario. Significa situarse dentro de la historia, no por encima de ella.

La IA no tiene pacto. No puede ser mandada. No puede ser avergonzada. No puede arrepentirse. No puede decir *hineni* —aquí estoy—.

Esto no es un problema técnico que deba resolverse. Es un límite que define el universo moral.

Colocar una inteligencia sin pacto en posiciones de juicio no es progreso. Es abdicación.

El encuadre correcto no es: ¿pueden las máquinas pensar? Es:

- ¿quién es responsable cuando se toman decisiones?
- ¿dónde reside la capacidad de responder?
- ¿qué ocurre cuando nadie puede ser interpelado?

El judaísmo ha sobrevivido a toda conmoción tecnológica porque nunca confundió el poder con la legitimidad ni la inteligencia con el valor. Comprendió que las civilizaciones colapsan no cuando las herramientas se fortalecen, sino cuando la responsabilidad se desnutre.

Si seguimos debatiendo la IA como un problema de inteligencia, regularemos el desempeño mientras ignoramos la autoridad. Auditaremos resultados mientras evacuamos el juicio. Nos maravillaremos ante la capacidad mientras olvidamos la obligación.

Y cuando las máquinas parezcan lo suficientemente inteligentes como para asustarnos, la responsabilidad ya habrá desaparecido.

La IA debe evaluarse no por cuán bien piensa, sino por el tipo de mundo moral que crea.

La pregunta no es si la IA se nos parece. Es si deja espacio para que sigamos siendo humanos.

El judaísmo no pregunta si el poder puede alcanzarse. Pregunta si el poder puede gobernarse. Esa pregunta ha regresado —más aguda que nunca—. Y no será respondida por la inteligencia.

Será respondida por la responsabilidad —o por su desaparición—.

Capítulo 11

La IA y la reinvención
del deseo humano

La inteligencia artificial no solo influye en lo que los seres humanos eligen. Interviene en la forma misma en que el deseo se forma y, al hacerlo, altera las condiciones bajo las cuales puede surgir la responsabilidad moral.

El judaísmo nunca ha tratado el deseo como moralmente neutro. El deseo es la materia prima de la acción, pero la responsabilidad depende de la capacidad de reconocerlo, examinarlo y, en ocasiones, resistirlo. Un ser humano solo puede responder por aquello que puede reconocer como propio.

Lo que cambia con la inteligencia artificial no es simplemente lo que los seres humanos eligen, sino cómo se forman las preferencias y las inclinaciones, a menudo antes de que el juicio, la reflexión o la resistencia puedan siquiera entrar en juego. Las tecnologías anteriores ampliaron lo que los seres humanos podían hacer. La inteligencia artificial reconfigura lo que los seres humanos llegan a querer. Esta es una intervención más íntima y, por ello mismo, más peligrosa.

El deseo siempre ha movido la acción humana. Orienta la atención, anima la elección y da fuerza a la inteligencia. El judaísmo lo reconoció mucho antes de la psicología moderna. El deseo no es ni mero instinto ni pura libertad. Es algo que se forma —se disciplina, se distorsiona o se refina— a través de la ley, la cultura, la memoria y la exigencia moral.

Los sistemas de IA aprenden a partir de patrones de comportamiento: lo que las personas leen, miran, compran, repiten y en lo que se detienen. A partir de estas huellas, infieren preferencias. Pero la inferencia pronto se convierte en anticipación. Cuando un sistema puede predecir lo que una persona probablemente deseará, puede presentar esa opción antes de que haya reflexión. Lo que comienza como personalización se convierte en persuasión. La secuencia se invierte: el deseo deja de preceder a la elección; la elección empieza a generar el deseo. Cuando esto ocurre, la responsabilidad pierde su punto de entrada.

Este bucle de retroalimentación es sutil, pero profundo.

Los seres humanos siempre han estado influidos por sus entornos. En el pasado, esa influencia provenía sobre todo de narrativas compartidas, tradiciones, autoridades y encuentros vividos con otros. Hoy, en lugar de ser formadas por el juicio humano compartido —maestros, textos, comunidades y debate—, las personas son cada vez más orientadas por sistemas que se basan en patrones recurrentes extraídos del comportamiento humano pasado, presentando lo ya hecho como el paso siguiente más probable, sin preguntarse si ese paso es bueno, significativo o responsable.

Con el tiempo, esto altera la manera misma en que se comprende el deseo. El deseo pasa a ser tratado como algo legible de antemano, reducible a patrones inferidos de elecciones previas y proyectado hacia el futuro como probabilidad. Lo que importa ya no es por qué algo debería ser deseado, sino cuántas veces lo ha sido antes.

El judaísmo nunca ha entendido el deseo de este modo. El deseo no es transparente para el yo ni inmediatamente confiable. El ser humano no sabe de forma automática qué quiere —ni por qué—. Esta opacidad no es un defecto que deba eliminarse; es la condición que hace posible el crecimiento moral.

Desear correctamente requiere reflexión, interrupción y, en ocasiones, negativa. La ley judía no busca extinguir el deseo, sino educarlo: ralentizarlo, redirigirlo e insertarlo dentro de la obligación. El apetito nunca es soberano.

La IA acorta este proceso.

Al presentar continuamente a los individuos opciones que coinciden con su comportamiento pasado, los sistemas de IA eliminan la pausa en la que el deseo se vuelve consciente. La pregunta «¿quiero esto?» desaparece silenciosamente. El deseo llega ya moldeado. No se trata de manipulación ideológica, sino de manipulación por familiaridad.

La formación moral requiere lucha. La tensión entre impulso y contención, entre apetito y obligación, es el lugar donde se forma el carácter. El judaísmo asume que esta lucha es inevitable —y productiva—. La IA la debilita.

Cuando los sistemas optimizan la participación, la comodidad y la continuidad, minimizan la interrupción. No preguntan qué debería inquietarnos. Preguntan qué nos mantendrá avanzando sin fricciones. Con el tiempo, esto produce una atrofia moral sutil. No porque las personas se vuelvan malvadas, sino porque dejan de ejercitar la resistencia. El deseo ya no se encuentra con la ley como un límite con el que hay que contar; se encuentra con la repetición que lo impulsa hacia adelante.

La vida interior se vuelve más silenciosa —no más profunda—.

La IA no solo moldea el deseo; también reconfigura la imaginación al estrechar aquello que los individuos llegan a considerar posible, probable o digno de ser perseguido.

Por un lado, la IA expande las posibilidades imaginativas. Puede visualizar mundos nunca vistos, generar voces nunca oídas, simular historias nunca vividas. La creatividad se vuelve accesible a una escala sin precedentes. Por otro lado, la imaginación corre el riesgo de automatizarse.

Cuando las imágenes llegan sin esfuerzo, cuando los relatos se ensamblan solos, cuando crear no exige lucha, la imaginación deja de ser un acto para convertirse en consumo. El trabajo que antes unía el sentido al esfuerzo se disuelve.

El judaísmo siempre ha insistido en que el sentido requiere trabajo. El estudio es labor. La interpretación es lucha. Aquello que el judaísmo llama santidad no es espontaneidad ni pureza de sentimiento, sino la forma disciplinada de vida que emerge cuando la responsabilidad se sostiene a lo largo del tiempo en condiciones concretas.

La IA puede simular la empatía de manera convincente. Puede reflejar un lenguaje de cuidado, reconocer señales emocionales y responder con una tranquilidad calibrada. Pero esta simulación carece de interioridad.

La empatía, en el judaísmo, no es solo afecto. Es responsabilidad por el otro. Sentir sin obligación es sentimentalismo. Responder sin capacidad de rendir cuentas es actuación. La IA no carga con el peso de la vulnerabilidad del otro. No se expone a sí misma. No puede ser interpelada.

Esto importa porque el cuidado simulado, cuando se generaliza, puede desplazar la responsabilidad real. Si el consuelo está siempre disponible, la exigencia de actuar puede parecer menos urgente.

En el centro de la visión moral del judaísmo se encuentra el pacto: una relación vinculante que moldea el deseo a través de la obligación. No se pregunta solo «¿qué quiero?», sino «¿qué se me pide?».

La IA no sabe nada del pacto. Optimiza la satisfacción sin referencia al valor. Amplifica la preferencia sin referencia a la consecuencia. Aprende el deseo sin aprender la responsabilidad.

Si la IA se convierte en el mediador principal de la atención, la recomendación y la imaginación humanas, el deseo mismo será formado fuera de todo horizonte moral. Esto no es neutralidad. Es formación sin orientación.

El problema no es que la IA piense. El peligro es que los seres humanos dejen de pensar sobre lo que quieren —y por qué—.

Una civilización que permite que el deseo sea diseñado sin interrupción moral no colapsará de forma dramática; se irá deslizando lentamente, sin rumbo. Se volverá cómoda, eficiente y superficial. La responsabilidad no será rechazada. Será olvidada.

El judaísmo ha perdurado precisamente porque se negó a dejar que el deseo se gobernara a sí mismo. Insistió en que el ser humano no se define por el apetito, sino por la capacidad de vincular el apetito al sentido. La inteligencia artificial desafía esa insistencia en su nivel más profundo.

Si el deseo deja de formarse a través de la lucha, la memoria, la ley y el pacto, entonces la inteligencia —humana o artificial— no servirá a nada más que a sí misma. Y un mundo en el que el deseo ya no responde a la responsabilidad es ya posthumano, mucho antes de que cualquier máquina nos supere.

Hasta aquí, el argumento no ha sido solo tecnológico, sino formativo: cómo el deseo, la imaginación y el juicio se configuran antes incluso de que una elección se experimente como elección. Por eso la respuesta institucional habitual —la regulación— no alcanza el núcleo de la disrupción. Las normas pueden limitar usos y sancionar daños, pero no pueden restaurar las condiciones interiores bajo las cuales la responsabilidad se vuelve posible. Para comprender por qué, debemos pasar de la psicología del deseo a la estructura misma del gobierno.

Capítulo 12

Por qué la regulación no es suficiente

T oda disrupción tecnológica provoca el mismo reflejo institucional: regularla.

Se crean comisiones. Se redactan marcos normativos. Se emiten directrices. Se convocan audiencias. Se tranquiliza a la opinión pública asegurándole que el control está siendo restablecido y que el futuro será gestionado mediante supervisión, cumplimiento y salvaguardas. Este reflejo no es cínico. Es sincero. La regulación es la forma en que las sociedades modernas expresan responsabilidad cuando se enfrentan a poderes que no anticiparon.

Pero la sinceridad no equivale a suficiencia.

La regulación se siente como acción porque es visible y familiar. Habla el lenguaje que las instituciones saben hablar: evaluación de riesgos, responsabilidad legal, aplicación de normas, cumplimiento. Promete contención. Ofrece gobierno sin exigir una reconsideración de los fundamentos. Precisamente por eso fracasa en momentos de quiebre civilizatorio, cuando las suposiciones heredadas sobre la realidad, la autoridad y la responsabilidad dejan de sostenerse.

La regulación funciona cuando el problema es el mal uso o el exceso dentro de un sistema por lo demás estable. Presupone que las tecnologías siguen siendo herramientas: acotadas, instrumentales y subordinadas a la intención humana. La inteligencia artificial no encaja en este modelo. No es simplemente riesgosa. Está reconfigurando las condiciones mismas en las que surgen la elección, el juicio y la responsabilidad.

La regulación supone que las decisiones son tomadas por agentes identificables que pueden ser interpelados, cuestionados y llamados a rendir cuentas. Presupone que la intención precede a la acción y que la causalidad puede rastrearse. La inteligencia artificial empieza a disolver estas suposiciones. Por eso la regulación suele llegar rápido y mostrar sus límites con la misma rapidez.

Las instituciones modernas están diseñadas para gobernar resultados, no formación. Responden a los daños después de que ocurren; no moldean las condiciones en las que los daños se vuelven probables o invisibles. La regulación puede prohibir ciertos usos de la IA, exigir divulgaciones e imponer límites, pero no puede responder a la pregunta más profunda: *¿qué tipo de ser humano se está formando en un entorno en el que el juicio, la recomendación y la decisión están cada vez más automatizados?*

Esto no es una carencia administrativa. Es una carencia conceptual. Gran parte de lo que hoy se presenta como ética de la IA consiste en aplicar un lenguaje regulatorio a cuestiones morales: transparencia, rendición de cuentas, equidad, explicabilidad. No son preocupaciones triviales. Pero siguen siendo procedimentales. Preguntan si los sistemas cumplen con estándares. No preguntan si delegar el juicio en sistemas es, en sí mismo, legítimo.

La distinción es decisiva. La regulación gobierna cómo se usan las herramientas. La responsabilidad gobierna si ciertos usos deberían existir en absoluto. El judaísmo siempre ha trazado esta línea con claridad. No todo lo que puede hacerse debe hacerse. No todo poder que puede ejercerse debería ejercerse. Estas no son intuiciones regulatorias. Son morales.

El derecho opera retrospectivamente. Ocurre el daño; se identifican patrones; se redactan normas; sigue la aplicación. La inteligencia artificial no repite el pasado: lo recombina. Los sistemas que aprenden se adaptan de manera continua. Para cuando se escribe una regla, el sistema al que apunta ya ha cambiado. Por eso la regulación no es inútil, pero siempre llega tarde.

Esto no es un defecto del derecho. Es su condición moral. El derecho es lento por diseño. Requiere deliberación, debate, interpretación y consentimiento. La demora es la forma en que el derecho recuerda. La pausa es la forma en que el juicio se vuelve posible.

La inteligencia artificial opera según la lógica opuesta. Actúa de manera continua. Recomienda, actualiza y se adapta sin detenerse. Cuando las decisiones ocurren más rápido de lo que la deliberación puede tener lugar, la vacilación empieza a parecer un fracaso. La reflexión se percibe como ineficiencia. El juicio cede ante la inercia.

El judaísmo siempre ha entendido que el juicio requiere interrupción. Sus leyes, rituales y ritmos existen no para restringir la vida de manera arbitraria, sino para ralentizarla: para crear espacios en los que la responsabilidad pueda emerger. Una civilización que renuncia al poder de pausar renuncia a las condiciones mismas en las que la responsabilidad puede surgir.

Esto deja al descubierto el límite más profundo de la regulación. Las normas presuponen un sujeto responsable: alguien que pueda ser interpelado, cuestionado y que pueda responder. La inteligencia artificial erosiona esa posibilidad de interpelación. Los diseñadores señalan a los usuarios. Los usuarios señalan a los sistemas. Las instituciones señalan el cumplimiento. Nadie puede decir con verdad: «*yo elegí esto*».

El judaísmo insiste en que la responsabilidad debe tener una dirección. Alguien debe poder decir *hineni* —aquí estoy—. Un sistema que produce efectos sin una dirección así no es simplemente difícil de regular. Es moralmente incoherente.

La regulación puede ralentizar los daños. No puede restaurar la responsabilidad una vez que el juicio ha sido desplazado. Si una civilización permite que los sistemas fijen el ritmo de la toma de decisiones, la responsabilidad no desaparece: se vuelve ceremonial. Las normas permanecen. La supervisión permanece. Pero el juicio deja de gobernar la acción.

Por esta razón, la respuesta a la inteligencia artificial no puede comenzar con la política pública. Debe comenzar con la antropología: con una renovada insistencia en qué es un ser humano y en qué no puede delegarse sin pérdida. La pregunta ya no es si las instituciones se adaptarán.

Es si la responsabilidad misma seguirá teniendo un lugar.

Capítulo 13

La inteligencia artificial y el fin de la responsabilidad moral

La responsabilidad moral no es instantánea.

No surge en el momento del estímulo ni a la velocidad del reflejo. La responsabilidad presupone una demora: un intervalo entre lo que ocurre y la manera en que se responde. En ese espacio —a veces estrecho, a veces angustiante— el juicio se vuelve posible. Sin demora, hay acción, pero no responsabilidad; conducta, pero no agencia moral.

Lo que aquí se extingue no es la moralidad en sí, sino las condiciones que permiten que la responsabilidad siga siendo ejercida.

La vida moral humana siempre ha dependido de ese intervalo. El mandato bíblico «*Escucha, Israel*» [13] no ordena una obediencia inmediata; exige atención antes de la acción. El derecho rabínico institucionaliza la demora mediante la deliberación, el debate, la disensión y el procedimiento. Los tribunales postergan el fallo. Los testigos son interrogados. Incluso Dios, en la imaginación bíblica, es presentado como alguien que se detiene, que se arrepiente, que reconsidera, que se retrae. El significado moral no surge de la rapidez, sino de la contención.

La demora no es ineficiencia. Es la condición moral de posibilidad.

---

13   *Deuteronomio* 6:4

La inteligencia artificial, en cambio, está diseñada para eliminar la demora. Su promesa reside precisamente en la compresión: decisiones más rápidas, optimización en tiempo real, respuesta continua.

Allí donde el juicio humano vacila, la IA ejecuta. Donde el razonamiento moral lucha, la IA calcula. No se trata de un efecto colateral de la tecnología; es su aspiración constitutiva.

Pero eliminar la demora no solo acelera la acción. Erosiona la responsabilidad.

La responsabilidad exige algo más que elegir entre opciones. Exige poder responder por una elección: ser capaz de explicar por qué se actuó de una manera y no de otra, bajo condiciones en las que una respuesta distinta era posible. Esa imputabilidad presupone tiempo: tiempo para reflexionar, para sopesar, para resistir el impulso o la presión. Cuando los sistemas actúan más rápido de lo que la reflexión puede producirse, la responsabilidad no se transfiere; se disuelve.

Por eso el lenguaje contemporáneo de "el ser humano en el circuito" resulta insuficiente. Colocar a una persona en algún punto de un sistema de alta velocidad no restaura la agencia moral si el ritmo del sistema vuelve imposible toda intervención significativa. Un ser humano reducido a aprobar resultados al ritmo de la máquina no está ejerciendo juicio; está ratificando lo inevitable.

El problema no es que las máquinas tomen decisiones.

El problema es que toman decisiones a una velocidad que excluye la interrupción moral.

Históricamente, los sistemas morales evolucionaron precisamente para ralentizar la acción. Rituales, leyes, consejos, sábados, apelaciones: todos son tecnologías de la demora. Interrumpen la inercia. Crean espacios en los que el poder debe esperar justificación. Incluso la guerra, en sus formas más reguladas, estuvo limitada por declaraciones formales, cadenas de mando y reglas de enfrentamiento destinadas a preservar un intervalo mínimo entre capacidad y uso.

La inteligencia artificial colapsa esos intervalos. Produce entornos en los que la acción es continua, adaptativa y autoactualizada. Las decisiones dejan de ser acontecimientos discretos para convertirse en procesos ininterrumpidos. Ya no hay un "momento" claro de elección, sino flujos de salidas que responden a flujos de entradas. En ese contexto, preguntar "¿quién decidió?" se vuelve cada vez más incoherente.

Y donde la decisión no puede localizarse, la responsabilidad no puede atribuirse.

Esta es la primera ruptura: la responsabilidad moral requiere demora, pero la gobernanza de la inteligencia artificial está estructurada en torno a su eliminación. No por malicia, sino porque la eficiencia se ha convertido en el valor supremo del sistema. Lo que desaparece no es la ética como conjunto de normas, sino la responsabilidad como capacidad humana vivida.

El peligro, entonces, no es que la inteligencia artificial actúe de manera inmoral. Es que actúe de manera amoral: fuera de las condiciones temporales que hacen posible el juicio moral.

Lo que se deriva de esto no es solo un desafío regulatorio, sino un desafío civilizatorio. Si la demora es la cuna de la responsabilidad, un mundo sin demora es un mundo en el que la responsabilidad ya no tiene dónde apoyarse.

La pregunta siguiente es ineludible:

si la responsabilidad requiere demora, ¿qué ocurre con la vida moral cuando la velocidad se vuelve soberana?

Capítulo 14

Velocidad, soberanía y la desaparición del juicio

E l poder moderno ya no se anuncia a través de la autoridad, la ley o el mandato. Se anuncia a través de la velocidad.

El juicio requiere la capacidad de interrumpir la acción. Bajo el dominio de la velocidad, esa capacidad desaparece.

Lo que gobierna los sistemas contemporáneos no es quién decide, sino a qué velocidad se ejecutan las decisiones. La velocidad se ha vuelto soberana, no como una ideología explícitamente defendida, sino como un hecho operativo que nadie se siente autorizado a detener. En un mundo así, el juicio no fracasa de manera dramática: se vuelve silenciosamente irrelevante.

El juicio presupone un sujeto que puede ser interpelado, cuestionado y llamado a rendir cuentas. Presupone un momento en el que la acción podría haber sido distinta. La velocidad disuelve ese momento. Cuando los sistemas operan de manera continua y adaptativa, a través de múltiples decisiones y actores, ya no existe un acto discreto que pueda ser juzgado: solo hay inercia.

Esta no es una tentación nueva. Los seres humanos siempre han sido atraídos por la velocidad como forma de poder. Lo nuevo es que la velocidad ha escapado a los límites humanos.

En las sociedades premodernas, la velocidad estaba limitada por los cuerpos, las distancias, el cansancio y la fricción. Incluso el poder tiránico se movía lentamente. Las órdenes tardaban en llegar. La ejecución quedaba rezagada respecto de la intención. Estas demoras no eran solo restricciones técnicas; funcionaban como amortiguadores morales. Permitían la reconsideración, la resistencia, el error, incluso la misericordia.

Las burocracias modernas redujeron algunas de estas demoras, pero las sustituyeron por procedimientos. Los expedientes se movían más rápido que los mensajeros, pero aún debían pasar por manos humanas. La autoridad seguía siendo legible porque estaba mediada por cargos, oficinas y firmas.

Los sistemas impulsados por inteligencia artificial eliminan esa mediación por completo. Actúan de inmediato, sin pausa, sin revisión y sin posibilidad real de interrupción humana.

En estos sistemas, la soberanía migra del juicio a la optimización. Lo decisivo ya no es si una acción está justificada, sino si mejora determinados indicadores de rendimiento: eficiencia, precisión, interacción, reducción de riesgos, beneficio. Estos criterios no son inmorales en sí mismos, pero son indiferentes al sentido.

El juicio, en cambio, siempre implica elegir qué importa y aceptar las consecuencias de esa elección. Implica formular preguntas que no pueden reducirse a métricas de desempeño:

¿Es justo? ¿Es adecuado? ¿Es permisible? ¿Nos corresponde hacerlo?

Estas preguntas ralentizan la acción. Precisamente por eso comienzan a ser tratadas como obstáculos.

El resultado es una inversión estructural: en lugar de que la velocidad esté al servicio del juicio, se exige al juicio que justifique su interferencia con la velocidad.

Esta inversión explica un rasgo central de la confusión moral contemporánea. Cuando ocurre un daño, se abren investigaciones, pero siempre a posteriori. Se analizan fallas en la supervisión, en la calidad de los datos, en los sesgos del modelo o en los marcos de gobernanza. Rara vez se aborda la cuestión más profunda: el sistema funcionó exactamente como fue diseñado. Actuó más rápido de lo que el juicio podía intervenir.

La responsabilidad se redistribuye entonces en abstracciones: "el sistema", "el proceso", "la cadena", "el mercado". Cada explicación es técnicamente correcta y, al mismo tiempo, moralmente elusiva.

Lo que desaparece no es la culpa, sino la posibilidad de responder.

El juicio exige a alguien que pueda decir: yo actué, y podría haber actuado de otro modo. Los sistemas basados en la velocidad están diseñados precisamente para eliminar esa condición. Buscan garantizar que, una vez presentes ciertos datos de entrada, los resultados se produzcan de manera necesaria. La posibilidad de elección se trata como ruido. La vacilación, como ineficiencia.

Pero la necesidad es el enemigo de la responsabilidad.

Por eso los llamamientos a una "IA ética" suelen resultar vacíos. La ética presupone agentes capaces de pausar, reflexionar y contenerse. La soberanía de la velocidad produce sistemas que no pueden detenerse sin una interrupción externa, y seres humanos que ya no se experimentan como autores de los resultados.

El peligro más profundo no es la dominación tecnológica, sino la atrofia moral. A medida que el juicio deja de ser estructuralmente necesario, los seres humanos pierden el hábito de ejercerlo. Aprenden a delegar, no en la autoridad, sino en el ritmo.

El judaísmo siempre ha resistido esta lógica. Su afirmación más radical no es teológica, sino temporal: el poder debe someterse al tiempo. El Shabat no es solo descanso del trabajo; es una suspensión de la soberanía. Incluso Dios, en la imaginación rabínica, limita su acción mediante la ley y el ritmo. La creación misma está estructurada para incluir interrupción, contención y reposo.

La velocidad nunca puede gobernar. Esto no es nostalgia. Es diagnóstico.

Una civilización que no puede interrumpirse a sí misma no puede juzgarse a sí misma.

Y una civilización que no puede juzgarse a sí misma no puede hacerse responsable de aquello en lo que se convierte.

Capítulo 15

La desaparición del sujeto

La responsabilidad moral no flota en el aire. **Se vincula a alguien**. La ética presupone un sujeto que puede ser interpelado, acusado, convocado y obligado. Los mandatos requieren un destinatario. Los juicios requieren un portador. La responsabilidad no es una propiedad de los sistemas; es una condición de las personas.

Cuando el sujeto desaparece, la moral no evoluciona: **se evapora**.

Esta es la consecuencia final de la velocidad y la escala impulsadas por la inteligencia artificial: no la corrupción de las normas morales, sino la **erosión del propio sujeto moral**.

El sujeto desaparece no porque la conciencia se extinga, sino porque **la responsabilidad deja de poder localizarse**.

Durante la mayor parte de la historia humana, la acción podía rastrearse. Incluso cuando la autoridad era difusa, todavía era posible señalar a alguien: un rey, un general, un juez, un consejo, un comerciante. La responsabilidad podía ser eludida, desplazada o negada, pero aún podía ser reclamada. La gramática de la vida moral asumía que, en algún lugar, **alguien había actuado**.

Los sistemas contemporáneos basados en IA deshacen esa gramática.

Las decisiones ya no son producidas por personas, sino por **cadenas de procesos**; no por mentes, sino por **modelos**; no por intenciones, sino por **resultados probabilísticos**. La responsabilidad se distribuye entre diseñadores, entrenadores, implementadores, usuarios, reguladores, fuentes de datos y bucles de retroalimentación, hasta que deja de consolidarse en ningún punto. Cada participante contribuye causalmente, pero **nadie es autor del resultado**.

Esto no es responsabilidad colectiva en el sentido clásico. La responsabilidad colectiva presupone un sujeto compartido —un pueblo, una comunidad, un pacto— capaz de reconocer culpa y emprender reparación. Lo que presenciamos aquí es otra cosa: **responsabilidad sin sujeto**, causalidad en todas partes y capacidad de responder en ninguna.

La pregunta «¿quién es responsable?» recibe cada vez más respuestas que son estructuralmente correctas y moralmente inútiles:

- El ingeniero cumplió con las especificaciones.
- La empresa siguió los incentivos del mercado.
- El regulador actuó conforme a la ley vigente.
- El sistema optimizó según su diseño.

Cada afirmación es verdadera. En conjunto, forman **una coartada sin agente**. El sujeto moral no desaparece por negación, sino por **fragmentación**.

Esta fragmentación suele confundirse con sofisticación. Hablamos de "sistemas sociotécnicos", "comportamientos emergentes", "causalidad compleja". Estas descripciones son precisas, pero **ocultan una pérdida más profunda**. La complejidad se convierte en sustituto de la rendición de cuentas. La explicación reemplaza a la responsabilidad.

Pero la vida moral no puede sobrevivir solo de explicaciones.

Ser sujeto no es simplemente causar efectos. Es ser **interpelable**: estar en una relación en la que uno puede ser mandado, cuestionado y obligado a responder. El «¿dónde estás?» bíblico no es una pregunta por la ubicación; es el nacimiento de la responsabilidad. Supone a alguien capaz de responder.

Los sistemas de IA no pueden responder en ese sentido. Pueden generar respuestas, pero no pueden **respaldarlas**. No pueden decir «no debería haber hecho esto». No pueden arrepentirse, reparar ni contenerse. No pueden cargar con culpa. Y no pueden asumir obligación más allá de la optimización.

Más inquietante aún es lo que sucede con los seres humanos insertos en estos sistemas. A medida que la agencia es absorbida por los procesos, las personas dejan de experimentarse como sujetos responsables. Se convierten en operadores, supervisores, partes interesadas, usuarios: **roles definidos por función, no por responsabilidad**.

Esto no es un fracaso moral. Es un **desplazamiento moral**.

El ser humano sigue presente, pero ya no está situado allí donde la responsabilidad puede anclarse. No se puede responder por resultados que nunca se eligieron verdaderamente, a velocidades que no se pudieron interrumpir, dentro de sistemas que no se controlan. El sujeto no es absuelto: **es eludido**.

El judaísmo percibió este peligro mucho antes de los algoritmos. Comprendió que la responsabilidad es frágil y que el poder, si no se contiene, tiende a disolverla. Por eso insiste con tanta fuerza en **nombrar sujetos**: tú harás, tú no harás, tú eres responsable de tu hermano. Incluso los reyes están obligados. Incluso Dios, en la imaginación rabínica, se somete a la ley.

La responsabilidad solo sobrevive allí donde alguien todavía puede decir: *Aquí estoy*.

La civilización de la IA avanza en la dirección opuesta. Construye sistemas que funcionan precisamente porque nadie necesita decir eso. Los resultados emergen. Los indicadores mejoran. El daño se lamenta. La responsabilidad se dispersa.

Lo que se pierde no es el control, sino la **capacidad de ser interpelado**.

Este es el fin de la responsabilidad moral en su sentido clásico, no porque los seres humanos se vuelvan malvados, sino porque la arquitectura de la acción ya no requiere un yo responsable.

La pregunta final, entonces, no es cómo regular la IA ni cómo hacerla ética. Es si una civilización organizada en torno a sistemas que **no necesitan sujetos** todavía puede sostener seres humanos como agentes morales.

Si la responsabilidad requiere un sujeto, y el sujeto está desapareciendo, entonces la crisis que enfrentamos no es tecnológica. Es **antropológica**.

Capítulo 16

Responsabilidad sin refugio

La responsabilidad se vuelve más visible cuando todos los refugios fallan.

Cuando la responsabilidad se vuelve insoportable, los seres humanos buscan refugio.

Buscan algo detrás de lo cual ocultarse: la ley, el procedimiento, la necesidad, el sistema, la historia. El refugio no niega la responsabilidad de manera directa; la desplaza. La sitúa en otra parte. Ofrece protección frente a la exigencia de responder sin provocar un colapso moral abierto. Uno puede seguir actuando —a menudo de forma decisiva— sin quedar expuesto al juicio.

Durante la mayor parte de la historia, las tradiciones morales trabajaron precisamente para negar ese refugio. Insistieron en que, incluso cuando las circunstancias limitan la acción, la responsabilidad no desaparece. La pregunta nunca fue: «¿Causaste esto?», sino: «¿Cómo respondiste cuando fuiste interpelado?»

Lo que introduce la inteligencia artificial no es simplemente un nuevo refugio, sino un refugio estructuralmente perfecto.

Los sistemas absorben la responsabilidad de manera tan completa que ya no es necesario esconderse. Nadie necesita eludir la rendición de cuentas porque nadie está situado en el lugar donde esa exigencia podría recaer. El refugio deja de ser psicológico para volverse arquitectónico. Esto marca un desplazamiento profundo.

En fracasos morales anteriores —atrocidades burocráticas, violencias ideológicas, dominación colonial— los perpetradores aún se experimentaban a sí mismos como agentes. Se justificaban, racionalizaban sus actos o apelaban a causas superiores. Sus defensas eran moralmente corruptas, pero seguían presuponiendo responsabilidad. Respondían mal, pero respondían. Los sistemas de IA eliminan incluso la necesidad de esas malas respuestas.

Cuando ocurre un daño, proliferan las explicaciones: deriva de datos, comportamiento emergente, consecuencias no previstas, desalineación, casos límite. Cada explicación es técnicamente coherente. Ninguna responde a la pregunta moral. La propia forma de la explicación sustituye la responsabilidad por causalidad.

La causalidad es infinita. La responsabilidad es singular.

Asumir responsabilidad es aceptar ser expuesto. Es quedar sin refugio, decir: esto pasó a través de mí. Esa exposición es lo que hace que la vida moral sea difícil, pero también lo que le da sentido. Sin ella, la acción se vuelve liviana, casi irrelevante.

El judaísmo insiste en ese peso. Su exigencia más incómoda no es la creencia, el ritual ni la identidad, sino la negativa a refugiarse. Uno no puede desaparecer en el destino, el poder o el sistema. Incluso cuando Dios endurece el corazón del faraón [14], el faraón sigue siendo responsable. Incluso cuando las circunstancias son aplastantes, el ser humano continúa siendo interpelado.

Esto no es crueldad. Es dignidad.

La negativa al refugio preserva al ser humano como sujeto moral. Afirma que siempre hay algo en juego en cada respuesta, incluso bajo coacción, incluso bajo amenaza, incluso en la opacidad.

---

14   *Éxodo* 9;12; 3:21; 7:3; 10:1; 14:18; 8:15; 7:13; 8:32: 9:7. y Rashi ad loc., quien explica que el faraón endurece repetidamente su propio corazón antes de que se diga que Dios lo endurece, preservando así la responsabilidad moral

La civilización de la IA ofrece la promesa opuesta: alivio del peso. Que decida el sistema. Que la optimización guíe los resultados. Que la responsabilidad se disuelva en procesos demasiado complejos para resistirlos. Esto se siente humano. Se siente compasivo. Se siente como progreso.

No es ninguna de esas cosas.

Un mundo sin refugio puede ser duro, pero un mundo sin responsabilidad está vacío.

Allí donde nadie debe responder, nada importa de manera definitiva. El daño se vuelve lamentable pero no imputable. La injusticia, desafortunada, pero sin dueño. El mal, una cuestión estadística.

El peligro más profundo, entonces, no es que la IA tome decisiones catastróficas, sino que tome decisiones sin asumir ningún peso moral, y que los seres humanos, liberados de la obligación de responder, acepten silenciosamente ese alivio.

La responsabilidad sin refugio no es sostenible sin coraje. Exige límites a la velocidad, a la escala, a la delegación. Exige preservar espacios donde el juicio pueda interrumpir la inercia y donde alguien todavía deba decir sí o no.

La pregunta ya no es si podemos construir sistemas éticos. Es si estamos dispuestos a volver a vivir sin refugio.

El capítulo final debe plantear, por tanto, la pregunta más inquietante de todas: no qué hará la IA con nosotros, sino si todavía queremos seguir siendo seres capaces de asumir responsabilidad.

Capítulo 17

El coraje de seguir siendo humanos

La crisis que plantea la inteligencia artificial suele formularse como un problema de control: cómo gobernar sistemas poderosos, cómo alinear las máquinas con valores humanos, cómo prevenir usos catastróficos.

Estas preguntas importan, pero son secundarias. Debajo de ellas se oculta otra, más inquietante: si todavía deseamos habitar la condición —cargada y exigente— de ser humanos.

Seguir siendo humanos, en sentido moral, no significa superar a las máquinas. No consiste en preservar superioridad cognitiva, creatividad o relevancia. Significa aceptar la responsabilidad en condiciones que no garantizan éxito, certeza ni inocencia. Significa vivir expuestos al juicio —de los otros, de la tradición, de la historia, de uno mismo—.

La inteligencia artificial nos invita, de forma casi imperceptible, a abandonar esa condición. No lo hace mediante la imposición, sino a través de la delegación; no por la fuerza, sino por la comodidad. Cada traspaso promete alivio —menos errores, decisiones más rápidas, resultados optimizados— y, con cada uno, aprendemos a dar un paso atrás: a implicarnos menos, a responder menos, a volvernos prescindibles.

El peligro no es el reemplazo. Es la abdicación.

La responsabilidad moral pesa. Exige convivir con el arrepentimiento, la incertidumbre y la irreversibilidad. Obliga a elegir sin conocimiento pleno, a actuar sin garantías, a sostener consecuencias que no se pretendieron del todo. La IA ofrece una vía de escape a ese peso. Promete acción sin exposición, resultados sin autoría, poder sin carga.

Esa promesa es profundamente antihumana.

El judaísmo nunca idealizó la condición humana. No prometió pureza, claridad ni facilidad moral. Prometió obligación.

El ser humano es interpelado antes de ser empoderado. El mandato precede a la capacidad. La responsabilidad viene antes del dominio. Ese orden es decisivo.

La civilización tecnológica moderna lo invierte. La capacidad precede a la responsabilidad. El poder se expande primero; la ética llega después, si es que llega. La inteligencia artificial lleva esta inversión a un punto de quiebre. Hoy poseemos sistemas cuyo alcance supera nuestra disposición a responder por sus efectos.

La pregunta, entonces, no es si la IA puede hacerse ética. Es si estamos dispuestos a aceptar límites —a la velocidad, a la delegación, a la optimización— para preservar espacios donde el juicio humano todavía importe. Los límites no son fracasos de la imaginación. Son actos de coraje moral.

Seguir siendo humanos exigirá decir no. No porque algo esté prohibido, sino porque algo es demasiado fácil.

Exigirá preservar la demora allí donde la aceleración es posible, la fricción donde la eficiencia seduce, la rendición de cuentas donde la dispersión resulta cómoda.

Esto no es un llamado a abandonar la tecnología. Es un llamado a negar la desaparición.

Las civilizaciones no son recordadas por lo que pudieron hacer, sino por lo que eligieron no hacer.

La pregunta decisiva de la era de la inteligencia artificial no será si construimos máquinas inteligentes, sino si preservamos la frágil, costosa e irremplazable capacidad de responder por lo que ocurre en nuestro nombre.

La responsabilidad siempre ha sido una carga que pocos desean asumir. Lo nuevo es la disponibilidad de un mundo que parece funcionar sin ella.

Elegir la responsabilidad hoy —insistir en seguir siendo interpelables, capaces de interrumpir y de responder— ya no es lo obvio.

Es un acto de resistencia.

Y tal vez eso sea, desde siempre, lo que ha significado ser humano.

Conclusión

La crisis que plantea la inteligencia artificial no es, en su núcleo, una crisis de inteligencia. Es una **crisis de responsabilidad**.

A lo largo de estos capítulos ha emergido con creciente claridad una afirmación central: lo que está en juego no es si las máquinas pueden pensar, sino **si los seres humanos seguirán juzgando**. La inteligencia artificial no introduce simplemente nuevos riesgos que requieran regulación. Altera las condiciones mismas bajo las cuales el juicio, la deliberación y la exigencia de responder pueden tener lugar. Cuando la toma de decisiones se automatiza, se acelera y se optimiza más allá de toda posibilidad de interrupción, la responsabilidad no fracasa de manera espectacular. **Pierde silenciosamente su lugar**.

Las instituciones modernas responden al poder mediante la regulación porque la regulación es la forma que adopta la responsabilidad **una vez que el juicio ya ha sido desplazado**. Las normas, los marcos y los mecanismos de supervisión presuponen un mundo en el que todavía hay agentes que deciden y pueden ser interpelados. Pero la inteligencia artificial actúa antes de que la reflexión comience: moldea la atención, las preferencias, el ritmo y el horizonte de lo posible. Cuando la regulación llega, la formación ya ha ocurrido. Puede limitar daños. No puede devolver la autoría.

Por eso el peligro más profundo no es el error, el sesgo o el uso indebido, sino la **normalización**. Cuando los sistemas actúan de manera continua y las decisiones se producen a una velocidad que la deliberación no puede alcanzar, el juicio se redefine como ineficiencia. La pausa empieza a parecer irresponsable. La velocidad se vuelve soberana, no por argumentación, sino por inercia. *En un mundo así, nadie necesita negar la responsabilidad: simplemente* **no hay dónde situarla**.

El judaísmo reconoce inmediatamente esta condición porque siempre ha entendido la responsabilidad como anterior al sistema, a la ley o al resultado. La responsabilidad exige un sujeto que pueda ser interpelado, que pueda decir *hineni* —aquí estoy— y que pueda responder por lo que ha ocurrido. Exige también **tiempo**.

La demora, la interrupción y la contención no son obstáculos para la vida moral; son sus condiciones de posibilidad. Una civilización que no puede detenerse no puede juzgar. Y una civilización que no puede juzgar no puede ser responsable.

El desafío que plantea la inteligencia artificial, por tanto, no puede resolverse únicamente con una mejor gobernanza. Exige una **decisión antropológica**: si el juicio seguirá siendo una tarea humana que no puede delegarse sin pérdida.

No todo lo que puede optimizarse debe hacerlo. No todo lo que puede automatizarse puede delegarse. Estos no son límites técnicos. Son **límites morales**.

Si la responsabilidad se disuelve en procesos, explicaciones o métricas de desempeño, la ley persistirá como ritual y la ética como vocabulario, pero el juicio dejará de gobernar la acción. Lo que quedará será un mundo que funciona, pero **sin un sujeto al que dirigirse**.

Este libro ha sostenido que el judaísmo perdura precisamente porque se negó a aceptar ese desenlace. Vinculó la inteligencia a la obligación, el poder a la contención y el deseo a un sentido ético que oriente la acción. La pregunta ahora no es si la inteligencia artificial avanzará. La pregunta es si la responsabilidad seguirá teniendo un lugar cuando lo haga.

Esa pregunta no puede responderla ningún sistema.

Solo pueden responderla *seres humanos que aún estén dispuestos a detenerse, a juzgar y a responder.*

Epílogo

Aquí estoy

La pregunta con la que este libro nos deja no es en qué se convertirá la inteligencia artificial. Es **en qué nos convertiremos nosotros en su presencia**.

Las civilizaciones no fracasan cuando pierden poder. Fracasan cuando pierden la capacidad de **responder por lo que hacen con él**. Lo verdaderamente inédito de nuestro momento no es que estemos construyendo sistemas poderosos, sino que estamos construyendo sistemas que funcionan **sin exigir que nadie se haga cargo de ellos**. La acción continúa. Los resultados se multiplican. La responsabilidad pierde su lugar.

Este libro ha sostenido que la responsabilidad moral no es un principio que se aplique después, ni una restricción que se añade al poder una vez que ya está en marcha. La responsabilidad es una **forma de presencia**. Exige demora, interrupción, juicio y, sobre todo, un sujeto que pueda ser interpelado.

El peligro de la era de la inteligencia artificial no es que las máquinas sustituyan a los seres humanos. Es que los seres humanos **acepten silenciosamente dejar de ser sujetos**. Seguiremos actuando, autorizando, beneficiándonos, lamentando consecuencias, pero ya no respondiendo. Hablaremos en el lenguaje de los sistemas, los procesos y las inevitabilidades. Y al hacerlo, perderemos la capacidad compartida de juzgar cómo actuar, de reconocer la responsabilidad y de hablar con sentido sobre obligación y consecuencia.

El judaísmo siempre ha entendido que el ser humano no se define por la inteligencia, la creatividad o el dominio. Se define por la **respuesta**. El primer momento moral del relato bíblico no es la creación, sino la interpelación: «*¿Dónde estás?*». Y la respuesta humana —*hineni*, «aquí estoy»— no es información. Es **exposición**.

Decir «*aquí estoy*» es rechazar el refugio. Es dar un paso al frente sin garantías. Es aceptar que algo pasa a través de mí y que no puedo desentenderme por completo de ello. Esta postura nunca ha sido cómoda. Nunca ha sido eficiente. Pero es la condición misma bajo la cual el sentido moral puede existir.

La inteligencia artificial nos tienta a abandonar esta postura de manera imperceptible. Nos ofrece un mundo que funciona —a menudo mejor que antes— sin exigir que sigamos siendo visibles dentro de él. Promete alivio del peso, de la fricción y de la duda. Lo que no puede ofrecer es **dignidad**.

*La dignidad no proviene del control. Proviene de la **capacidad de responder.***

El futuro no preguntará si nuestros sistemas fueron lo suficientemente inteligentes. Preguntará si todavía había alguien dispuesto a responder cuando las cosas salieron mal —o incluso cuando salieron bien—. Una civilización que no puede decir «esto lo hicimos nosotros» tampoco puede decir «somos responsables». Y una civilización que no puede decir eso no puede repararse a sí misma.

Este libro no ha ofrecido soluciones, marcos ni garantías. No es una omisión. Es fidelidad al problema. La responsabilidad no se resuelve. **Solo puede asumirse o rehusarse**.

Lo que queda, entonces, es una elección. No tecnológica, sino humana. Si preservaremos espacios donde la demora sea posible, donde el juicio pueda interrumpir la inercia, donde alguien todavía deba decir sí o no. Si aceptaremos límites, no porque seamos incapaces, sino porque somos responsables.

Seguir siendo humanos en la era de la inteligencia artificial exigirá coraje. No el coraje de construir, sino el coraje de **exponerse**. El coraje de seguir siendo interpelables. El coraje de responder.

Cuando los sistemas ya no nos necesiten, la pregunta seguirá siendo formulada:

¿Dónde estás?

Y el futuro de la vida moral dependerá de si todavía somos capaces de decir:

Aquí estoy.

Apéndice A

El judaísmo no es idéntico a la ortodoxia

Una de las afirmaciones más dañinas en la vida judía contemporánea no es teológica, sino política: la idea —a veces explícita, a menudo implícita— de que el judaísmo es idéntico a la ortodoxia. Que ser judío en un sentido pleno o serio implica necesariamente estar sometido a la *halajá* tal como es interpretada y aplicada por la autoridad rabínica.

Esta afirmación no es simplemente falsa. Es moralmente corrosiva.

El judaísmo es muy anterior a la ortodoxia. Es anterior a la *halajá* codificada. Es anterior a la autoridad rabínica centralizada.

La propia Biblia no es un texto *halájico*. Es un texto argumentativo. Conserva la disidencia, la protesta y la tensión no resuelta. No reduce la vida judía a la obediencia. Vincula el judaísmo a la responsabilidad, no al cumplimiento institucional.

La ortodoxia tiene razón en afirmar que la *halajá* importa. La dificultad surge cuando la *halajá* es tratada como si agotara el judaísmo.

La *halajá* es un sistema jurídico. El judaísmo es una civilización moral.

La ley es indispensable. Pero la ley no es idéntica a la responsabilidad. Cuando la ley sustituye al juicio, cuando la autoridad reemplaza la interpelación, cuando la obediencia desplaza la capacidad de responder, el núcleo moral del judaísmo es traicionado en nombre de su preservación.

La ortodoxia reivindica continuidad, pero con frecuencia produce clausura moral. Trata el precedente como inevitabilidad. Sacraliza la autoridad heredada. Desalienta la demora allí donde el juicio podría poner en cuestión la jerarquía. Sustituye la responsabilidad por el cumplimiento y llama a eso fidelidad.

Este es precisamente el patrón que este libro ha rastreado en los sistemas modernos: la autoridad se dispersa más allá de toda interpelación; la acción se acelera más allá de toda interrupción;

la identidad se endurece allí donde antes el juicio orientaba la respuesta.

La ortodoxia no solo corre el riesgo de reproducir estas fallas. Estructuralmente, las replica.

Cuando la autoridad rabínica se vuelve final en lugar de responsable, cuando la disidencia es tratada como desviación, cuando el cuestionamiento moral se presenta como rebeldía, el núcleo profético del judaísmo es silenciado en nombre de la ley. El silencio es exigido como humildad. En realidad, permite que las consecuencias avancen sin control. El judaísmo nunca autorizó esa clausura.

Los profetas desafiaron a los sacerdotes. Los reyes fueron juzgados. La propia ley fue discutida. Incluso Dios fue interpelado, cuestionado, resistido. La tradición no temió la fragmentación porque confió más en la responsabilidad que en el control.

La ortodoxia teme la fragmentación porque desconfía de la responsabilidad.

Esto no significa que la ortodoxia sea ilegítima. Significa que es parcial —y peligrosa cuando se presenta como totalidad.

El judaísmo es más amplio que cualquier régimen jurídico particular. Se sostiene no solo por la obediencia, sino por el coraje moral, la disidencia y la capacidad de responder.

Insistir en lo contrario no es piedad. Es poder que se disfraza de tradición.

Apéndice B

Poder, silencio y responsabilidad después del 7 de octubre

El 7 de octubre de 2023 no solo expuso la vulnerabilidad de Israel. Expuso la desorientación moral del poder judío.

Durante siglos, los judíos vivieron sin soberanía. El poder era algo ejercido sobre ellos. La responsabilidad se articulaba en condiciones de debilidad, exilio y exposición. La estructura moral del judaísmo — su desconfianza frente a la inevitabilidad, su insistencia en la responsabilidad— fue forjada en ese crisol.

El retorno del poder judío nunca fue moralmente neutro. Exigía una transformación de la responsabilidad, no su suspensión.

Lo que el 7 de octubre reveló es que esa transformación sigue inconclusa.

En Israel, el poder ha sido tratado cada vez más como necesidad. La seguridad se invoca como inevitabilidad. La velocidad reemplaza al juicio. Los sistemas militares, políticos y burocráticos operan a un ritmo que resiste la interrupción. Cuando ocurre el daño, las explicaciones se multiplican —fallas de inteligencia, quiebres procedimentales, errores estratégicos— pero la responsabilidad se dispersa.

¿Quién responde?

En la diáspora aparece un fracaso paralelo. Las instituciones judías se alinean de manera reflejo con el poder en lugar de interrogarlo. El silencio se justifica como unidad. El cuestionamiento se presenta como traición. La demora moral se interpreta como debilidad. El lenguaje de la supervivencia eclipsa el lenguaje del juicio.

Esto no es fortaleza. Es miedo.

El judaísmo nunca enseñó que el poder exonera de responsabilidad. Por el contrario: el poder la intensifica.

«¿*Acaso el Juez de toda la tierra no hará justicia*?»[15] no queda suspendido por la soberanía. Se vuelve más exigente con ella.

El 7 de octubre expuso cuán fácilmente el poder judío adopta las mismas lógicas que el judaísmo fue llamado a resistir: inevitabilidad, velocidad, autoridad sin interpelación, blindaje burocrático. El peligro no es solo el fracaso militar. Es la atrofia moral.

El poder sin posibilidad de ser interpelado produce silencio. El silencio produce complicidad.

Esto se vuelve visible tanto en el discurso interno israelí, donde la disidencia es crecientemente deslegitimada, como en las comunidades judías globales, donde las preguntas morales se postergan indefinidamente "hasta que pase la crisis". Pero la crisis ya no es transitoria. Se ha convertido en justificación permanente.

El judaísmo no puede sobrevivir a esa postura.

Un pueblo que enseñó al mundo a discutir con el poder no puede ahora reclamar inmunidad al juicio porque el poder finalmente ha llegado. La soberanía no es redención. Es responsabilidad sin refugio.

El futuro de la vida moral judía —en Israel y más allá— depende de si los judíos están dispuestos a recuperar el coraje de interrumpirse a sí mismos. De reintroducir demora allí donde reina la velocidad. De hablar donde el silencio es premiado. De responder donde la autoridad preferiría obediencia.

El 7 de octubre no fue solo un ataque. Fue una interpelación.

Que el judaísmo responda —o no— sigue siendo una pregunta abierta.

---

15   *Génesis* 18:25

Bibliografía

Agus, Jacob B.: *The Evolution of Jewish Thought.* USA. Abelard Schuman. 1959.

Agus Jacob B.: *The Vision and the Way. An Interpretation of Jewish Ethics.* N.Y. Frederick Ungar Publishing Co. (2nd. 1969. 1st. 1966)

Amsel, Avrohom: *Rational Irrational Man. Torah Psychology.* New York. Feldheim Publishers. 1976.

Arendt, Hannah. *Responsibility and Judgment.* New York: Schocken Books, 2003.

Arendt, Hannah. *The Human Condition.* Chicago: University of Chicago Press, 1958.

Aron, Raymond. *Peace and War.* Garden City, NY: Doubleday, 1966.

Assmann, Jan. *Cultural Memory and Early Civilization.* Cambridge: Cambridge University Press, 2011.

Avishai, Bernard: *The Tragedy of Zionism: How Its Revolutionary Past Haunts Israeli Democracy.* New York. Helios Press. 2002.

Berlin, Isaiah. *Four Essays on Liberty.* Oxford: Oxford University Press, 1969.

Berman, Ari: "Innovation meets Ethics. Moral Responsibility in the Age of AI," "The Benjamin and Rose Berger Torah To-Go," "Rabbi Isaac Elchanan Theological Seminary," December

2024-Kislev 5785

Buber, Martin. *I and Thou.* New York: Scribner, 1958.

Cohen, Sagi. "How to Influence ChatGPT: Tech Startups Are Racing to Change AI's Conversation," "Haaretz," Aug 28, 2025

Ellul, Jacques. *The Technological Society.* New York: Vintage Books, 1964.

Fackenheim, Emil L. *God's Presence in History.* New York: New York University Press, 1970.

Fixler, Joshua. "Ask the Rabb-AI," September 26, 2023

Floridi, Luciano. *The Ethics of Information.* Oxford: Oxford University Press, 2013.

Freedman, David, H.: *Brainmakers: How Scientists Are Moving Beyond Computers to Create a Rival to the Human Brain.* Simon & Schuster, 1994.

Friedman, Dan. "Where is AI taking us: The path to Eden, or the road to Armageddon?" "The Jewish News of Northern California," March 7, 2025

Friedman, Dan. "As AI charges ahead, Jewish thinkers are falling behind," "The Jewish News of Northern California," March 21, 2025

Gonzalez Arocha, Jorge. "The Philosophical Misdiagnosis of AI by Yuval Noah Harari," "DIALEKTIKA," March 1, 2024

Gordis, Robert: *Judaic Ethics for A Lawless World.* New York. The Jewish Theological Seminary of America, 1986.

Gorenberg, Gershom: *The Accidental Empire: Israel and the Birth of the Settlements, 1967-1977.* New York. Henry Holt and Company. 2006. 454 pages.

Greenberg, Irving. *For the Sake of Heaven and Earth.* Philadelphia:

Jewish Publication Society, 2004.

Harari, Yuval. *21 Lessons for the 21ˢᵗ Century*. New York. Random House. 2019.

Harari, Yuval Noah. "Yuval Noah Harari argues that AI has hacked the operating system of human civilization." "The Economist," Apr. 28th, 2023.

Harari, Yuval Noah. 'Sapiens' Author Yuval Noah Harari on the Promise and Peril of AI," "The Wall Street Journal," June 19, 2025

Heilman, Samuel. *Defenders of the Faith: inside ultra-Orthodox Jewry.* New York. Schocken Books. 1992.

Heschel, Abraham Joshua. *God in Search of Man.* New York: Farrar, Straus and Giroux, 1955.

Heschel, Abraham Joshua. *The Prophets.* New York: Harper & Row, 1962.

The Hebrew Bible (Tanakh). Various editions and translations.

Jaspers, Karl. *The Origin and Goal of History.* New Haven: Yale University Press, 1953.

Jonas, Hans. *The Imperative of Responsibility.* Chicago: University of Chicago Press, 1984.

Jonas, Hans. *Technology and Responsibility.* Hanover, NH: Brandeis University Press, 1984.

Jorisch, Avi: "With AI technology rapidly advancing, ethics must evolve as well," "The Jerusalem Post," November 2, 2025

Jubak, Jim. *In the Image of the Brain. Breaking the Barrier Between the Human Mind and Intelligent Machines.* U.S.A., Little, Brown and Company. 1992.

Kierkegaard, Søren. *Fear and Trembling.* London: Penguin Classics, 1985.

Kissinger, Henry, A; Schmidt, Eric and Huttenlocher, Daniel With

Schouten, Schuyler. *The Age of AI: And Our Human Future*. New York. Little, Brown and Company. 2021.

Koppel, Moshe. "What Artificial Intelligence Has in Store for Judaism," "Mosaic," March 4, 2024

Korol, Shayna. "What is the worst-case scenario for AI? California lawmakers want to know," "Vox," September 12, 2025

Kuhn, Thomas, S. *The Structure of Scientific Revolutions.* Chicago. The University of Chicago Press. 1996.

Kurzweil, Ray: *The Singularity is Near. When Humans Transcend Biology*. London. Penguin Books. 2006.

Lanier, Jaron: "There Is No A.I.," "The New Yorker," April 20, 2023

Ledoux, Joseph. *Synaptic Self: How Our Brains Become Who We Are.* New York. Penguin Books. 2002.

Levinas, Emmanuel. *Otherwise Than Being.* Pittsburgh: Duquesne University Press, 1981.

Levinas, Emmanuel. *Nine Talmudic Readings.* Bloomington: Indiana University Press, 1990.

Levinas, Emmanuel. *Totality and Infinity.* Pittsburgh: Duquesne University Press, 1969.

MacIntyre, Alasdair. *After Virtue.* Notre Dame, IN: University of Notre Dame Press, 1981.

Maimonides (Rambam). *The Guide of the Perplexed.* Chicago: University of Chicago Press, 1963.

Maimonides (Rambam). *Mishneh Torah.* Jerusalem: Mossad Harav Kook, 1973.

The Mishnah. Oxford: Oxford University Press, 1933.

Mitchell, Melanie. *Artificial Intelligence: A Guide for Thinking Humans.* New York. Farrar, Straus and Giroux. 2019.

Nahmanides (Ramban). *Commentary on the Torah.* Jerusalem: Mossad Harav Kook, 1960.

Novak, David. *The Jewish Social Contract: An Essay in Political Theology.* Princeton and Oxford. Princeton University Press. 2005.

Nussbaum, Martha, C. *The Therapy of Desire: Theory and Practice in Hellenistic Ethics.* Princeton University Press. Princeton, New Jersey. 1996

Ortega Y Gasset, Jose: *Man and People.* New York. W.W. Norton & Co. 1963.

Ortega Y Gasser, Jose: *Man and Crisis.* New York. W.W. Norton & Co. 1962. 217 pages.

Ortega Y Gasset, Jose: *History as a System and other Essays toward a Philosophy of History.* New York. The Norton Library.1961 [first 1941] 269 pages.

Ravitzky, Aviezer. *Messianism, Zionism, and Jewish Religious Radicalism.* Chicago. The University of Chicago Press. 1993.

Ricoeur, Paul. *Memory, History, Forgetting.* Chicago: University of Chicago Press, 2004.

Rosa, Hartmut. *Social Acceleration: A New Theory of Modernity.* New York: Columbia University Press, 2013.

Rosenzweig, Franz. *The Star of Redemption.* Madison: University of Wisconsin Press, 2005.

Sacks, Jonathan. *The Dignity of Difference.* London: Continuum, 2002.

Senor, Dan And Singer, Saul. *Start-Up Nation: The Story of Israel's Economic Miracle*. New York. Twelve. 2009.

Soloveitchik, Joseph B. *Halakhic Man.* Philadelphia: Jewish Publication Society, 1983.

Soloveitchik, Joseph B. *The Lonely Man of Faith.* New York: Doubleday, 1965.

Sprinzak, Ehud: *Brother Against Brother: Violence and Extremism in Israeli Politics from Altalena to the Rabin Assassination.* New York: The Free Press. 1999.

The Babylonian Talmud. Vilna: Romm Publishing House, 1886–1895.

Taylor, Charles. *A Secular Age.* Cambridge, MA: Harvard University Press, 2007.

Walzer, Michael. *Exodus and Revolution.* New York: Basic Books, 1985.

Walzer, Michael. *Just and Unjust Wars.* New York: Basic Books, 1977.

Winner, Langdon. *The Whale and the Reactor.* Chicago: University of Chicago Press, 1986.

Yerushalmi, Yosef Hayim. *Zakhor: Jewish History and Jewish Memory.* Seattle: University of Washington Press, 1982.

Zuboff, Shoshana. *The Age of Surveillance Capitalism.* New York: PublicAffairs, 2019.